Plantes potagères

Plantes potagères

Texte de Eva Troníčková

Illustrations de Zdeňka Krejčová

Gründ

Garantie de l'éditeur

Pour vous parvenir à son plus juste prix, cet ouvrage a fait l'objet d'un gros tirage. Malgré tous les soins apportés à sa fabrication, il est malheureusement possible qu'il comporte un défaut d'impression ou de façonnage. Dans ce cas, ce livre vous sera échangé sans frais.
Veuillez à cet effet le rapporter au libraire qui vous l'a vendu ou nous écrire à l'adresse ci-dessous en nous précisant la nature du défaut constaté. Dans l'un ou l'autre cas, il sera immédiatement fait droit à votre réclamation.

Librairie Gründ — 60, rue Mazarine — 75006 Paris

Deuxième tirage 1988
Traduction de Barbora Faure
Arrangement graphique par Eva Adamcová

ISBN 2-7000-1813-3
Dépôt légal : avril 1986
Imprimé en Tchécoslovaquie
3/15/13/53-02

Avant-propos

Les légumes représentent une part essentielle de l'alimentation humaine. Leur consommation remonte aux premiers temps de l'humanité. Les hommes préhistoriques complétaient déjà leur alimentation carnée par le ramassage ou la cueillette de feuilles, de racines, de bulbes, de tubercules ou de fruits sauvages. Il faut dire en effet que les plantes apportent à l'homme, outre les matières nutritives essentielles que sont les protéines, les graisses et les sucres, une foule de vitamines importantes, des sels minéraux, des fibres non digestibles, des essences volatiles et un grand nombre de substances prophylactiques et thérapeutiques. Consommés crus ou après un traitement culinaire simple (cuisson, braisage, friture ou passage au four), les légumes constituent une source importante du deuxième groupe d'aliments. C'est-à-dire que leur valeur énergétique est relativement faible, mais qu'ils apportent à l'organisme des substances indispensables à une vie saine.

Le groupe de végétaux rassemblés sous l'étiquette «légumes» n'est pas précisément délimité. Il présente des variations suivant les pays ou les régions géographiques, notamment en raison de la diversité des conditions climatiques et des habitudes alimentaires des populations.

On peut regrouper ici plusieurs dizaines d'espèces végétales. Le plus souvent, ces espèces sont uniquement utilisées comme légumes, seules quelques-unes d'entre elles ont d'autres usages. Les groupes les plus voisins sont les aromates, les plantes médicinales et les légumineuses (légumes secs).

De nombreuses espèces végétales sont employées comme légumes en raison de leurs vertus thérapeutiques imaginaires ou réelles et de leur goût aromatique spécifique. Il arrive d'ailleurs très souvent que certaines parties — graines, feuilles séchées—soient employées comme condiments aromatiques, tandis que les feuilles ou la plante entière servent de légumes pendant la saison végétative. Citons ici simplement comme exemple le céleri dont les graines moulues et la tige feuillée fraîche ou séchée servent d'aromates, la même tige feuillée et la racine charnue pouvant être consommées comme légumes.

Le chevauchement du groupe des plantes potagères et des espèces médicinales vient également du fait que nombre de légumes typiques comme la tomate, le piment, la livèche, le persil, etc. renferment dans certains de leurs organes des composés chimiques appelés «substances actives» qui leur confèrent des vertus médicinales.

Les légumes verts sont aussi en étroite relation avec le groupe des légumes secs. Chez la plupart des légumineuses (pois, haricots, fèves, soja), on peut en effet consommer d'une part les gousses et les graines avant leur complète maturité, d'autre part les graines à l'état sec.

Bien que les plantes potagères forment un groupe à part, bien distinct des autres végétaux cultivés, il arrive qu'on emploie quelquefois à l'état frais les tiges et les pousses d'autres plantes culturales : on consomme par exemple les jeunes pousses de houblon, de luzerne et de nombreux autres végétaux.

A la différence des céréales, des plantes fourragères et des cultures sarclées, des organes végétaux très divers servent de partie utile chez les légumes. Il peut s'agir de fruits, de gousses ou de graines, de feuilles, de tiges, de racines, de bulbes ou encore de formations morphologiques spécifiques, telles que les pommes — formations globuleuses, compactes, constituées par des feuilles portées par une tige contractée (chou pommé, laitue); organes globuleux formés par la tige, l'hypocotyle et la racine gonflés (radis, betterave); tubercule — renflement racinaire ou caulinaire (chou-rave, pomme de terre); pétioles hyperdéveloppés et charnus (rhubarbe, céleri à côtes, cardons), gaînes foliaires (poireau, fenouil), inflorescence (chou-fleur, brocoli), réceptacle de l'inflorescence (artichaut), etc. Toutes ces formations résultent de la fixation héréditaire de certaines déformations ou de l'hypertrophie d'organes végétaux particuliers.

Les légumes sont très exigeants quant aux conditions de leur culture. Ils demandent souvent des façons intensives. Le résultat dépend, bien plus que pour les cultures industrielles, d'un approvisionnement régulier en facteurs de végétation essentiels : chaleur, lumière, eau, matières nutritives et conditions favorables du sol.

La culture maraîchère se caractérise également par le fait que l'on peut, en employant des techniques appropriées, allonger sensiblement la période de récolte de certaines espèces. Il s'agit notamment de la technique du semis sur couche avec repiquage, du semis échelonné, d'emploi de feuilles de plastique, de la culture sur couche, en serre, etc. Toutes ces techniques ont pour but de permettre la récolte de légumes frais même à des saisons inhabituelles pour l'espèce concernée.

La branche de l'agriculture qui s'occupe plus spécifiquement de la culture de légumes est le maraîchage. Ce domaine très spécialisé fait de plus en plus appel aux techniques de production en grand et aux technologies nouvelles. Le réseau commercial se trouve ainsi richement approvisionné en légumes frais, conservés ou ayant subi un traitement industriel.

De nos jours, cependant, les habitants des villes sont de plus en plus attirés par un retour à la nature, soit comme observateurs passifs des beautés naturelles, soit et surtout, comme participants à leur élaboration. Voilà d'où vient en partie l'accroissement constant de l'intérêt que le public porte aux cultures potagères. Les jardins d'amateurs ne doivent sûrement pas leur existence seulement au désir de se procurer une part utile de notre alimentation. Le jardinage est à la fois une activité agréable, un effort physique au bon air et une source inépuisable de sensations esthétiques liées à la création de produits à la fois utiles et beaux. Pour obtenir de bons résultats, il est cependant nécessaire d'avoir des connaissances techniques. Seul un jardinier bien informé saura tirer parti de l'immense variabilité générique et spécifique de ce groupe et introduire parmi l'éventail des espèces classiques des légumes nouveaux et moins courants.

Notre ouvrage renferme toutes les espèces de légumes couramment cultivées en Europe centrale et occidentale. Les techniques maraîchères sont cependant si évoluées de nos jours qu'elles permettent de cultiver en Europe de nombreuses espèces provenant de climats très différents ou de régions géographiques tout à fait éloignées. Le monde s'intéresse de plus en plus aux légumes les plus divers; c'est la raison pour laquelle nous présentons également des espèces cultivées en Europe méridionale, en Asie et en Amérique du Nord. Bien entendu, nous avons limité notre choix à celles dont la culture en plein sol, sous abri simple ou en serre est possible dans les conditions européennes et qui sont compatibles avec les habitudes gustatives de notre partie de la planète.

Classification botanique et répartition des légumes selon leurs organes utiles

Les espèces décrites dans notre ouvrage constituent un groupe très hétéroclite du point de vue botanique. Elles se répartissent en effet en 19 familles différentes (au contraire d'autres végétaux cultivés, comme par exemple les céréales ou les légumineuses, qui comprennent des espèces botaniquement voisines, appartenant le plus souvent à la même famille).

Si les spécialistes classent les légumes selon leur appartenance botanique, le praticien, lui, préfère un classement plus pragmatique, fondé sur le caractère des organes pour lesquels telle ou telle espèce est cultivée. Les groupes ainsi constitués demandent le plus souvent un mode de culture analogue et les organes utiles sont également employés de façons similaires. Il peut être difficile d'établir précisément la limite entre certains de ces groupes, car certaines espèces se situent à la charnière de plusieurs d'entre eux. Ainsi, peut-on se servir et de la tige et de la racine du céleri, des feuilles et des graines du fenouil, des feuilles ou du bulbe de l'oignon.

Voici comment se répartissent les plantes potagères selon leur organe utile :

Le groupe des choux

Les choux font tous partie d'une famille unique, les brassicacées *(Brassicaceae)*. Leurs organes utiles sont soit la pomme (chou cabus, chou de Milan, chou de Bruxelles), soit la rosette feuillée ou les feuilles isolées (chou à feuilles lisses, chou frisé), l'inflorescence (chou-fleur, brocoli), ou le renflement de la tige (chou-rave).

Les légumes-racines

La partie utile est ici la racine épaissie (carotte, persil-racine, pa-

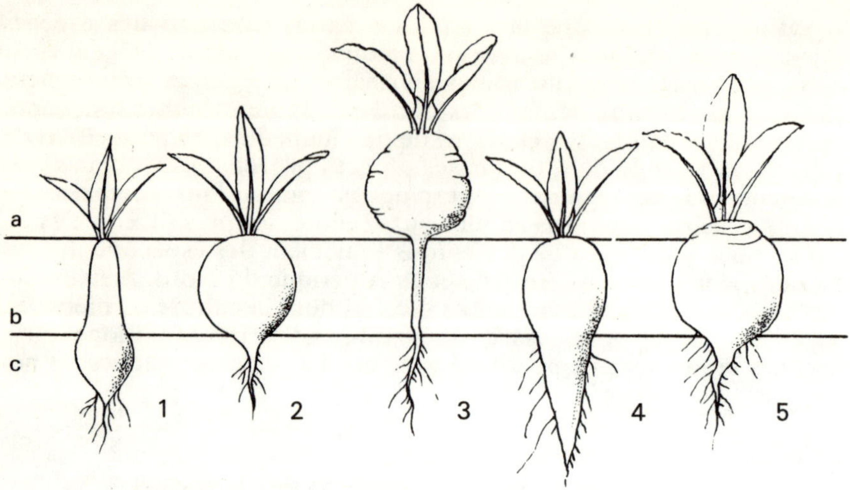

Schéma de formation des tubercules et des organes glubuleux de différents légumes-racines : 1 — radis noir, formé de l'hypocotyle et de la racine; 2 — radis, tubercule formé par l'hypocotyle; 3 — chou-rave : tubercule caulinaire; 4 — carotte et persil-racine : organe formé de la racine et de l'hypocotyle; 5 — rutabaga, betterave potagère et céleri-rave : organe globuleux formé de la tige, de l'hypocotyle et de la racine (a- tige, b- hypocotyle, c- racine).

nais, salsifis, chervis, cerfeuil bulbeux), à laquelle peuvent se joindre l'hypocotyle et la base de la tige (céleri, radis, radis noir, navet, betterave potagère). On reconnaît la région racinaire aux radicelles qu'elle porte, l'hypocotyle étant lisse et la région caulinaire feuillée. Les espèces de ce groupe appartiennent à plusieurs familles : apiacées *(Apiaceae)* : céleri, carotte, persil, panais, chervis, cerfeuil bulbeux; brassicacées *(Brassicaceae)* : radis, radis noir, navet, chou-navet ; astéracées *(Asteraceae)* : scorsonère, salsifis; chénopodiacées *(Chenopodiaceae)* : betterave potagère; campanulacées *(Campanulaceae)* : raiponce. On peut élargir ce groupe par les espèces aux tubercules portés par des rhizomes : pomme de terre (solanacées, *Solanaceae*), topinambour (astéracées, *Asteraceae*), patate douce (convolvulacées, *Convolvulaceae*) et le souchet comestible (cypéracées, *Cyperaceae*).

Les légumes-feuilles

Suivant les parties consommées, on peut subdiviser ce groupe en légumes du type laitue, du type épinard, du type tige feuillée et du type pétiole. On consomme donc la feuille (laitue, épinards, pourpier, oseille, pissenlit, arroche, bette, persil, céleri à couper, mâche, moutarde de Chine, chou chinois, endive, cressons, roquette, tétragone) ; le pétiole (cardon, céleri à côtes, poirée), les pommes plus ou moins compactes (laitue, romaine, laitue glaciale, chou pékinois) ou les bourgeons (endive). Du point de vue botanique, ce groupe se répartit en plusieurs familles : astéracées *(Asteraceae)* : laitue, chicorée, endive, pissenlit, cardon; chénopodiacées *(Chenopodiaceae)* : épinard, arroche, bette; brassicacées *(Brassicaceae)* : moutarde de Chine, chou chinois et pékinois, cressons, roquette; apiacées *(Apiaceae)* : céleri, persil; polygonacées *(Polygonaceae)* : oseille; valérianacées *(Valerianaceae)* : mâche; aizoacées *(Aizoaceae)* : tétragone; portulacacées *(Portulacaceae)* : pourpier.

Les légumes à gousses (légumineuses)

La partie utile est ici la gousse ou la graine encore verte. Toutes les espèces appartiennent à la même famille des fabacées *(Fabaceae).*

Les légumes-fruits

La partie utile est le fruit (au sens botanique du terme). Les espèces concernées appartiennent essentiellement à deux familles : solanacées *(Solanaceae)* : tomate, poivron, aubergine et cucurbitacées *(Cucurbitaceae)* : concombre, courge, melons, gourde, luffa, bénincase. Seule exception du groupe, l'ocra *(Hibiscus)* appartient à la famille des malvacées *(Malvaceae).*

Les bulbes

On emploie, selon le cas, le bulbe vrai (abritant les organes aériens durant la mauvaise saison) : oignon commun, échalote, ail ; le pseudobulbe (ne rentrant pas sous terre) : poireau, ciboule; ou encore la feuille : ciboulette, ciboule. Toutes les espèces de ce groupe appartiennent à la famille des liliacées *(Liliaceae).*

Les condiments et aromates

Ce groupe contient des espèces riches en essences volatiles aromatiques. On emploie soit la tige feuillée fraîche, soit les feuilles séchées. Les espèces de ce groupe se répartissent en deux grandes familles : labiacées *(Labiaceae)* : nous décrivons tout particulièrement le thym, la marjolaine, la sarriette, la sauge, la mélisse; et les apiacées *(Apiaceae)* : livèche, aneth, cerfeuil, fenouil. Deux exceptions cependant : l'armoise (astéracées, *Asteraceae*) et la bourrache (borraginacées, *Boraginaceae*).

Les légumes vivaces

Il s'agit d'espèces restant en place plusieurs années de suite (de 3 à 10). Citons la rhubarbe (polygonacées, *Polygonaceae*), le raifort et le chou marin (brassicacées, *Brassicaceae*), l'asperge (liliacées, *Liliaceae*) et l'artichaut (astéracées, *Asteraceae*).

A côté des groupes cités ci-dessus, nous avons jugé utile de décrire aussi le maïs doux, appartenant à la famille des poacées *(Poaceae)*, dont les autres variétés se classent parmi les cultures sarclées.

Origine des légumes et apparition des variétés

Certaines plantes sont cultivées par l'homme depuis si longtemps qu'il est quasiment impossible de savoir quelle est leur patrie d'origine. C'est le cas du chou-navet ou du chou pékinois.

Les études phytogéographiques aboutissent toutes à la même conclusion : les plantes cultivées en Europe proviennent, pour la plupart, de certaines régions relativement restreintes de l'Ancien ou du Nouveau Monde, l'apport de l'Ancien Monde étant à ce titre beaucoup plus conséquent. C'est à l'Australie que nous devons le nombre le plus réduit d'espèces. Certaines plantes ont effectué, pour arriver jusqu'à nos pays, des périples qui constituent une véritable aventure. Notons que les régions de la plus grande extension actuelle de telle ou telle espèce ne correspondent absolument pas à son pays d'origine, ni même à sa distribution primitive.

Tout portait d'abord à penser que les premières espèces cultivées étaient apparues dans les régions agricoles favorables qu'étaient la Mésopotamie, l'Égypte ou l'Inde anciennes. En fait, nous savons aujourd'hui que ces espèces ont été introduites dans ces régions secondaires à partir de centres primitifs aux conditions de vie beaucoup plus difficiles.

Huit régions particulières du globe constituent le berceau des espèces cultivées et notamment des légumes. Il s'agit des vallées intérieures de haute montagne et des plateaux montagneux des tropiques ou des zones subtropicales, territoires peu étendus pour la plupart, présentant un relief complexe, de fortes amplitudes thermiques et un puissant éclairement en rayons ultraviolets. Ces lieux particuliers, quelquefois appelés génocentres, présentaient donc des conditions particulièrement favorables à l'apparition de mutations génétiques, c'est-à-dire de modifications naturelles héréditaires. Les autres facteurs détérminants pour le développement des plantes cultivées furent les croisements ou hybridations spontanés entre les individus et la sélection d'individus résistants. Par l'entremise de l'homme, les plantes cultivées se répandirent au cours des millénaires, même sur les autres continents, tandis que l'action humaine continuait dans le même temps à les transformer.

Voici donc les génocentres des espèces maraîchères les plus importantes :

1. Le centre chinois (Chine centrale et occidentale, Népal) est le berceau de certaines espèces de haricots, du chou chinois et du chou pékinois.

2. Le centre du Sud-Est asiatique (Inde, Birmanie, Thaïlande, Cambodge, Vietnam, Malaisie, Indonésie) nous a donné le concombre et l'aubergine.

3. Le centre centre-asiatique (T'ien-chan occidental, Hindou Kouch, Nord-Ouest de l'Himalaya, Afghanistan, Tadjikistan, Ouzbekistan) est le lieu d'apparition du pois à petites graines, des lentilles, de

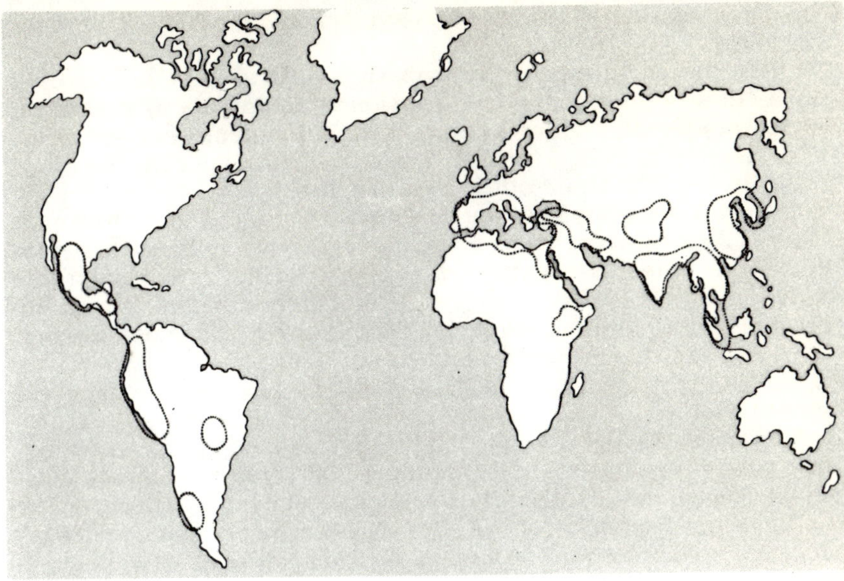

Berceaux des différentes plantes cultivées dans le monde.

l'oignon, de l'ail, de la fève à petites graines, du radis et de l'épinard.

4. Le centre de l'Asie du Sud-Ouest (Transcaucasie, une partie de l'Iran, Irak, parties centrale et orientale de l'Asie Mineure) est le berceau de la laitue et du radis noir.

5. Le centre méditerranéen (montagnes périphériques du Bassin méditerranéen) a vu naître la fève à gros grains, la betterave, le persil, l'artichaut, la chicorée, l'asperge, le thym, certaines espèces de choux, l'endive et la scorsonère.

6. Le centre de l'Amérique centrale (Amérique centrale, Sud du Mexique) est le berceau de la courge, du poivron et du maïs.

7. Le centre sud-américain (cordillère des Andes dans sa partie colombienne, péruvienne et bolivienne, Chili central et Sud-Ouest du Brésil) est la patrie de la pomme de terre, de la tomate, du haricot et du maïs.

8. Le centre nord-américain (avec plusieurs subdivisions) nous a donné le topinambour.

Par l'intermédiaire de l'activité humaine, les plantes cultivées ont migré de la frontière d'un centre d'origine aux autres régions, où elles ont continué à évoluer. Parmi les centres secondaires de ce type, on peut citer la région méditerranéenne pour les pois et les lentilles, originaires du berceau centre-asiatique. On pense aujourd'hui qu'il existe une vingtaine de ces centres secondaires dans la Syrie ou dans la Jordanie.

Ce n'est pas en Europe qu'est apparue tout d'abord l'agriculture : elle y a été introduite grâce aux invasions de populations maîtrisant déjà des modes de culture avancés. Ces agriculteurs ont suivi une voie principale qui les a probablement conduits en deux courants à partir de l'Asie centrale ou de l'Irak septentrional : depuis le Caucase à travers les steppes est-européennes d'une part et d'autre part à travers l'Asie Mineure jusqu'en Afrique du Nord puis par la péninsule ibérique. Bien évidemment, les végétaux cultivés ont emprunté les mêmes voies. Les découvertes archéologiques nous indiquent que le premier de ces courants est arrivé en Europe dès l'âge néolithique, le second à l'âge du bronze seulement.

Dans les temps les plus reculés, les cultures agricoles étaient exploitées surtout pour leurs matière nutritives — amidons, sucres, protéines, graisses. On comprend donc le développement exceptionnel qu'ont connu les céréales, les légumineuses et certaines cultures oléagineuses à cette époque. Les fruits et les noix étaient également récoltés. Quant aux légumes frais, utilisés essentiellement pour varier les goûts et compléter les rations alimentaires, ils provenaient de la cueillette de rhizomes ou de racines charnues, de bulbes, de tubercules, de jeunes pousses ou de fruits de certains végétaux. La culture des légumes au vrai sens du mot n'est apparue que beaucoup plus tard.

La Rome antique est connue pour son raffinement culinaire. Bien avant le début de notre ère, elle a vu apparaître des potagers et des vergers à fruits. On peut citer, parmi les plus connus, les jardins de l'empereur Auguste, que Virgile nous décrits en mentionnant les espèces de légumes suivantes : chou, carotte, ail, laitue, radis noir, bette, concombre, oseille.

Pourtant, même au début du Moyen Age, l'éventail des espèces cultivées reste encore limité. Les légumes les plus connus sont alors le chou fermenté, la betterave fermentée, le radis noir et la carotte. D'autres légumes étaient connus, mais représentaient un luxe accessible seulement aux bourses les plus aisées. Au Moyen Age, seuls les monastères disposaient de jardins potagers. D'ailleurs, les monastères ont joué un rôle non négligeable dans la propagation des espèces maraîchères et l'introduction de techniques de culture nouvelles. Ainsi, aux VIIIe et IXe siècles, les moines du centre et du Nord de l'Europe commencèrent à mettre en place des jardins potagers, jusqu'alors connus uniquement au sud des Alpes. Certaines cours royales appuyaient également cette entreprise. Ainsi, Charlemagne publia-t-il en 812 sa célèbre ordonnance connue sous le nom de capitulaire *De villis vel curtis imperii,* citée jusqu'à nos jours dans toutes les histoires du maraîchage. Dans ce texte, il énonce des principes de culture et d'entretien des domaines et des jardins impériaux, et énumère les espèces que l'on doit y cultiver. A côté des arbres et arbustes soit ornementaux soit fruitiers, la liste des espèces recommandées comprend de nombreuses plantes aromatiques, médicinales et potagères. L'ordonnance de Charlemagne a fortement contribué à la dissémination des espèces potagères du Bassin méditerranéen vers les autres régions de l'Europe. Vers la fin du Moyen Age, les cultures potagères n'étaient plus l'apanage exclusif des jardins monastiques, royaux ou nobiliaires et les légumes entrèrent progressivement dans l'alimentation quotidienne des petites gens.

Le nombre d'espèces cultivées est en croissance constante. On estime à 300 le nombre d'espèces potagères connues vers la fin du siècle dernier; actuellement, ce nombre approche les 1500 espèces. L'apparition des végétaux cultivés résulte d'une interaction prolongée entre la sélection naturelle et les interventions humaines. Tout d'abord, cette influence humaine s'est exercée d'une manière tout à fait involontaire. Par la suite, la sélection et les améliorations ont pris un tour systématique : sélection des végétaux montrant les meilleures propriétés, hybridation, etc. Ainsi, au cours des temps, une majorité d'espèces cultivées arrivèrent-elles à acquérir nombre de caractères intéressants pour l'homme. En retour, les végétaux améliorés deviennent incapables de vivre dans des conditions naturelles. Lorsqu'elles sont laissées à l'abandon, bon nombre de plantes cultivées tendent à revenir à l'état sauvage sous l'effet de la concurrence d'autres espèces. Parmi les 1500 espèces cultivées connues de nos jours, il en est par contre quelque 500 à 600 dont les parents sauvages ont tout à fait disparu et qui n'existent donc qu'en culture.

Les travaux de sélection aboutissent à l'apparition de variétés nouvelles qui complètent ou remplacent progressivement les variétés plus anciennes. Ces nouveaux types présentent par rapport aux anciens des différences morphologiques, culturales ou d'utilisation.

Les plantes potagères se caractérisent par une exceptionnelle richesse de variétés et de caractères morphologiques, ce qui s'explique, somme toute, assez aisément. Bon nombre d'entre elles sont cultivées à plusieurs fins différentes, ce qui entraîne des variations dans leurs exigences. Les oignons, par exemple, peuvent être soit destinés au stockage soit cultivés pour être consommés verts ou, du moins, séchés; les tomates serviront à la consommation familiale ou, au contraire, à la production industrielle de jus ou de sauces. Des variétés différentes seront à chaque fois les mieux adaptées à ces usages.

Les maraîchers cherchent aussi à obtenir la plus grande variété spécifique de légumes tout au long de l'année. C'est ainsi que l'oignon peut être semé au printemps, à l'automne, ou qu'on peut faire appel aux petits bulbes de l'année précédente. Les concombres se cultivent en serre, sur couche, sous tunnel de plastique ou en pleine terre par semis direct. Il en va de même pour la laitue, dont les semis d'automne peuvent également hiverner. Les épinards semés en été peuvent être récoltés à l'automne; semés à la fin de l'été, ils sont récoltés au printemps, semés au début du printemps, ils fourniront une récolte vers la fin de la même saison.

La richesse des techniques de culture permet d'allonger les périodes de récolte des différentes espèces, mais ces techniques seraient bien vaines si l'on ne disposait pas de variétés différentes, adaptées à ces divers traitements. Par le passé, on connaissait surtout des variétés dites d'un type universel. Ces variétés cèdent le pas de nos jours à des variétés qui se différencient par leurs propriétés physiologiques, adaptées aux différents modes de culture, à l'emploi qu'on veut en faire et aux processus de fabrication qui sont les leurs.

La réussite de la culture dépend, dans une grande mesure, du bon choix de la variété. Dans certains cas, les variétés ne sont même pas interchangeables : concombres de serre ou de plein champ, laitues d'hiver, précoces ou d'été, variétés de choux ou d'oignons hâtifs ou au contraire de conservation. C'est le choix de la variété qui commande l'époque du semis ou de la plantation, l'écartement et le mode de culture (haricots et tomates buissonnants ou à rames), le milieu de culture (pleine terre, serre ou abri de polyéthylène) et enfin l'utilisation du produit obtenu (récolte précoce, stockage, traitements après récolte, etc.).

Depuis quelques années, l'amélioration des plantes cultivées s'oriente vers deux directions nouvelles : la résistance des variétés et la production d'hybrides. La création de variétés génétiquement résistantes aux maladies les plus graves permet de limiter l'emploi de produits chimiques phytosanitaires, ce qui est d'une importantce primordiale tant pour la protection de l'environnement que pour la santé humaine. C'est pour cette raison que l'on voit apparaître depuis peu sur le marché, à côté des variétés traditionnelles, des hybrides F 1. Ces hybrides sont obtenus par des croisements annuels de plantes parentales sélectionnées. Les semences hybrides sont plus chères, mais le développement des plants est rapide et régulier, ils sont précoces et souvent résistants aux maladies. De telles variétés se reconnaissent à leur nom qui comporte souvent l'une des indications suivantes : hybride, cross ou, le plus fréquemment, F 1.

DESCRIPTION DES ESPÈCES

Chou cabus, chou pommé Brassicacées
Brassica oleracea var. *capitata* *Brassicaceae*

Le chou pommé est le plus important représentant de ce groupe, qui comprend en outre les formes cultivées suivantes : le chou de Milan, le chou de Bruxelles, le chou-rave, le chou-fleur, le brocoli, le chou vert frisé et le chou vert commun. Toutes ces variétés botaniques sont originaires d'une même espèce, le chou commun *(Brassica oleracea).* Il ne faut donc pas s'étonner de les voir s'hybrider facilement en formant un grand nombre de formes de transition. A l'origine des choux se trouve une plante sauvage, *Brassica oleracea* var. *silvestris,* que l'on rencontre encore de nos jours sur les côtes de la Méditerranée, de la mer du Nord et de l'Atlantique. La patrie d'origine de ce groupe est donc l'Europe. Les découvertes archéologiques nous apprennent que certaines formes de choux étaient déjà cultivées par les habitants des cités lacustres sur pilotis du néolithique. Le chou pommé est justement l'une des variétés anciennes. Les Basques de la frontière hispano-française qui sont les descendants des anciens Ibères nommaient le chou «aca». Ce furent eux qui transmirent le chou aux Celtes, lesquels lui donnèrent à leur tour un nom propre, ce qui témoigne du fait que les Celtes ne connurent la culture du chou qu'après leur arrivée en Europe depuis l'Asie. En effet, tous les noms du chou viennent de trois racines distinctes : la racine latino-celtique *brassica,* germano-celtique *kaul* et slavo-celtique *kap.*

Les Slaves jouèrent un rôle tout à fait important dans la dissémination du chou en Europe, notamment grâce à la préparation, par fermentation lactique, de la choucroute. Sa facilité de culture et sa richesse en vitamines font du chou un des principaux légumes, notamment dans les régions froides et pauvres.

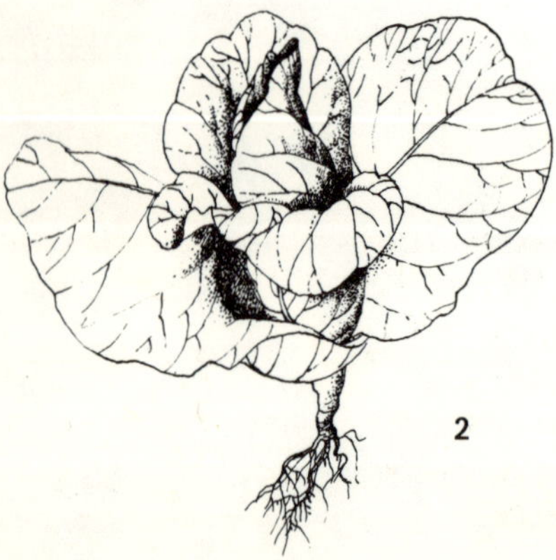

2

Le chou pommé est une plante bisannuelle. Au cours de la première année, il forme une rosette de feuilles entourant une pomme dense (1), au cours de la seconde année, une inflorescence de fleurs jaunes (3), puis des siliques renfermant des graines. La couleur des feuilles et de la pomme varie du jaune-vert chez les variétés «blanches», au rouge-violet parfois très intense chez les variétés «rouges». Les feuilles sont couvertes d'une pellicule de pruine facilement observable. Le chou résiste à de faibles gelées. On le trouve sur le marché tout au long de l'année : les variétés précoces, estivales ou tardives permettent un approvisionnement constant en légume frais. Les types pointus (2) hivernent aisément dans les régions maritimes, même en pleine terre. Le chou de conservation, comme la choucroute ou le chou stérilisé constitue en période hivernale, avec les oignons et les pommes de terre, l'une des plus importantes sources de vitamine C. Le chou est cultivé exclusivement en pleine terre, par semis en place ou à partir de plants repiqués, à des écartements de 40 × 70 cm.

3

1

Chou de Milan
Brassica oleracea var. *sabauda*

Brassicacées
Brassicaceae

Le chou de Milan est le plus proche parent du chou pommé. Comme ce dernier, le chou de Milan provient du chou commun sauvage que l'on rencontre encore de nos jours sur les rivages méditerranéens. Sa patrie d'origine est probablement la péninsule italienne. Il est impossible de dater le début de la culture du chou de Milan dans l'histoire humaine, mais nous savons avec certitude qu'il était déjà connu des Grecs et des Romains. Le véritable chou de Milan, sous la forme qu'il présente encore aujourd'hui, n'est cependant apparu en Europe qu'au XVIIe siècle. Le chou de Milan est cultivé pratiquement dans le monde entier, quoique dans une plus faible mesure que le chou pommé, ce qui s'explique par ses emplois culinaires un peu plus limités et surtout le fait qu'il ne se prête pas à la fermentation lactique. L'avantage du chou de Milan par rapport au chou pommé est son peu d'exigences culturales, le fait qu'il supporte des gels plus importants et présente des durées de végétation beaucoup plus variables. Le chou de Milan est surtout consommé en Europe occidentale. C'est l'une des rares espèces de légumes que l'on trouve à l'état frais absolument à tous les moments de l'année. A côté d'autres vitamines, il est surtout riche en vitamine K. En outre, il a un goût plus fin que le chou pommé.

2

C'est une plante bisannuelle. Au cours de la première année, elle forme une rosette de feuilles fortement cloquées et une pomme dense (1). Au cours de la deuxième année, elle atteint 150 cm de hauteur, se ramifie fortement et fleurit (2). Les fleurs de couleur jaune (3) se transforment en siliques renfermant des graines. La variété est morphologiquement assez stable : les pommes sont arrondies ou légèrement en pain de sucre, les feuilles vont du vert-jaune d'intensité variable au vert foncé voire au vert glauque, toujours avec une couverture pruineuse. Ce qui est par contre assez exceptionnel, c'est la variabilité de la durée de la période végétative et de la résistance au froid. Les variétés de petite taille et à courte période végétative conviennent au forçage en serres ou sur couche chaude. On cultive également des variétés de plein champ, précoces, estivales ou tardives. Les variétés dites «de l'Avent» forment un groupe à part : résistantes au froid (jusqu'à −15 °C), elles sont plantées vers la fin de l'été et récoltées au printemps de l'année suivante. Les variétés propres à la conservation rappellent un peu le chou pommé par leur aspect extérieur. Elles se conservent dans une cave jusqu'au mois de mai. Le chou de Milan se cultive par plants repiqués à un écartement de 20 × 50 cm.

3

1

Chou de Bruxelles — Brassicacées
Brassica oleracea var. *gemmifera* — *Brassicaceae*

Le chou de Bruxelles est le plus jeune membre de ce groupe, qui présente une origine commune avec le chou commun sauvage des régions méditerranéennes. Une des premières représentations de cette variété se trouve dans *l'Histoire botanique lyonnaise* datant de 1587, mais cet ouvrage précise que ce «chou à pommes nombreuses» est une espèce à la fois rare et inutile. Un autre ouvrage publié en 1695 à Nuremberg mentionne également une sorte curieuse de chou qui a donné 34 pommes. Sous sa forme actuelle, le chou de Bruxelles est apparu en Belgique en 1785. Des indications sur sa culture qui mentionnent déjà des noms tels que «chou du Brabant» ou «chou à mille-têtes» apparaissent à Paris aux environs de 1815. En Angleterre, la culture du chou de Bruxelles est enregistrée en 1884. De nos jours, ce légume est surtout répandu en Europe occidentale, centrale et septentrionale. On peut penser qu'une forme produisant des pommes secondaires est apparue par développement de bourgeons axillaires (à l'aisselle des feuilles) après élimination du sommet végétatif de plants de chou commun. D'ailleurs, jusqu'à une date récente, la formation régulière de rosettes axillaires était favorisée par l'élimination de la pomme terminale. Les variétés nouvelles, pour la plupart de caractère hybride, n'ont plus besoin d'une pareille intervention et forment des bourgeons denses et réguliers sur toute la longueur de la tige principale.

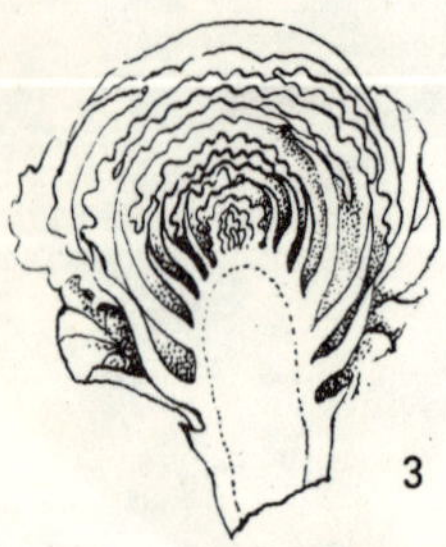

3

Au cours de la première année de culture, le chou de Bruxelles produit une haute tige foliée; à l'aisselle des feuilles apparaissent les bourgeons ou choux de Bruxelles (1). La rosette foliaire terminale indique qu'il s'agit d'une pomme ouverte. Dans sa seconde année, la plante atteint 150—180 cm de hauteur. Les fleurs, les fruits et les graines sont analogues à ceux des autres membres du groupe. Pour être de bonne qualité, les petits choux (2, 3) doivent mesurer 2,5 cm de diamètre et la plante doit en produire de 20 à 55 par pied. Les variétés se distinguent par la hauteur (30—100 cm), la densité des

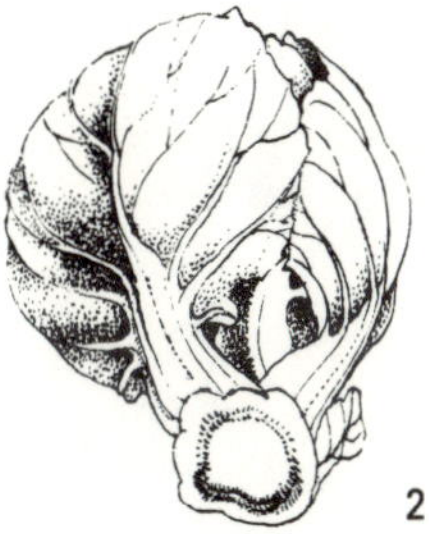

2

choux sur la tige et la durée de la période végétative. A côté des choux de couleur verte, il en existe de couleur rouge-violet. Le chou de Bruxelles supporte fort bien même les climats frais. Il n'est pas détruit par des gelées de —15 °C et peut donc être récolté même en plein hiver. Les variétés tardives, de taille basse, conviennent mieux pour l'hivernage sous des climats rudes. Les choux ont une valeur diététique élevée car ils sont riches en protéines, en vitamine C et en provitamine A. De plus, ils se conservent très bien à l'état congelé.

1

Chou frisé

Brassicacées

Brassica oleracea var. *acephala* subvar. *laciniata*

Brassicaceae

Comme les autres plantes de ce groupe, le chou frisé est originaire des régions méditerranéennes où l'on peut encore rencontrer la forme originelle. Le chou frisé compte parmi les plus anciens descendants de son ancêtre sauvage et c'est aussi l'un de ceux qui en sont morphologiquement le plus proches. On le connaissait déjà dans la Grèce antique. Pline l'Ancien mentionne au premier siècle un chou des Bruttiens, à grandes feuilles, à tige grêle et au goût prononcé, et un chou des Sabéliens, fortement frisé et d'un goût plus agréable. Un document d'Anvers datant de 1557 mentionne un chou frisé rouge ouvert, de petite et de grande taille. La littérature européenne ancienne lui donne le nom de «chou d'hiver frisé», nom qu'il doit sans conteste à sa forte résistance au gel. Il supporte des températures de —10 °C, les plus basses après le chou de Bruxelles. De nos jours, il est cultivé surtout en Europe occidentale et septentrionale. Il mériterait d'être mieux connu, car c'est une plante sans grands besoins et de culture facile. Il présente, de plus, l'avantage de pouvoir être récolté feuille à feuille, au cours de l'hiver comme au début du printemps, à des saisons où l'on ne dispose que d'un faible éventail de légumes frais. Sa teneur en vitamines, surtout en vitamine C, en fait également une plante précieuse. Ses emplois sont les mêmes que ceux du chou de Milan.

Le chou frisé est une plante bisannuelle. Dans sa première année de culture il forme une tige épaisse, densément feuillée, terminée par une rosette de feuilles. Dans la seconde année, il fleurit et fructifie au moyen de siliques contenant des graines (3). Ce qui est typique chez cette variété, ce sont ses feuilles frisées, moussues (1), faisant un peu penser à la texture d'une éponge. Son aspect extérieur est très décoratif : il en existe des formes vert clair ou foncé, mais aussi rouge-bleuté (2), brun-rouge et panachées. Quand il est destiné à la cuisine, on cultive le plus souvent les formes vertes. Certains types présentent de longues feuilles en languettes, ressemblant à de petits palmiers. La hauteur est variable (10—180 cm) et on rencontre le plus souvent les formes de hauteur moyenne (40—60 cm), que la neige protège contre les gels d'hiver. Les feuilles se récoltent progressivement à partir de la base de la plante, de l'automne jusqu'au printemps. On les

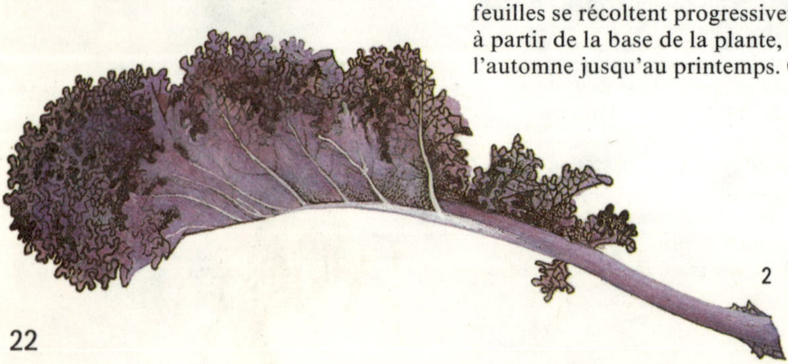

2

1

prend à l'état jeune, car elles sont alors tendres et riches en éléments nutritifs. Lors de températures négatives persistantes, les plantes sont détériorées, mais les feuilles restent utilisables. Pour faciliter la récolte hivernale, on peut placer à l'automne les pieds avec leur motte dans une jauge de sable à la cave. Le chou frisé se cultive par repiquage de plants avec un écartement de 40 × 60 cm.

3

Chou à feuilles lisses Brassicacées

Brassica oleracea var. *acephala* subvar. *plana* *Brassicaceae*

Voici une variété à feuilles lisses (subvar. *plana*) qui, avec son cousin le chou frisé (subvar. *laciniata*), appartient à une variété de chou commun ne formant pas de pommes (var. *acephala*). Son aspect et les données historiques attestent qu'il s'agit là d'une des formes les plus anciennes de chou, très proche de la variété sauvage *silvestris,* dont elle est issue et que l'on rencontre sur les côtes atlantique et de la mer du Nord. Le chou à feuilles lisses était déjà connu dans l'Égypte ancienne au VIe siècle avant notre ère. Diverses formes foliées étaient cultivées aux Ve et IVe siècles avant notre ère dans la Grèce antique et surtout à Rome. Le chou à feuilles lisses est aussi l'une des plus anciennes formes cultivées en Europe occidentale et l'une des plus répandues même à l'époque actuelle. De nos jours, sa culture est surtout importante en Europe méridionale et en Yougoslavie; sous des formes variables, on le rencontre en Transcaucasie et dans d'autres régions. Le classement botanique de ces formes est cependant malaisé : elles ont diverses origines, elles s'hybrident aisément avec toutes les variétés de chou commun et aussi parce qu'il existe un grand nombre de formes de transition entre les types destinés à l'alimentation humaine et les types fourragers. Au cours de la récolte, on coupe progressivement les feuilles sur la tige. Les préparations culinaires sont les mêmes que celles du chou de Milan. Les limbes foliaires peuvent être préparés comme les épinards.

2

Le chou à feuilles lisses est une plante bisannuelle. Dans la première année de culture elle forme une tige le plus souvent simple, haute de 70—120 cm, portant des feuilles lyrées, jaune-vert ou vert clair, couvertes d'une mince pellicule pruineuse (1). Au cours de la seconde année apparaît une inflorescence ramifiée, haute de 80—160 cm, portant des fleurs jaunes, plus rarement blanches, puis des siliques comme chez les autres choux (2). En Yougoslavie, on cultive les formes à grandes feuilles et de hauteur moyenne (70—100 cm), en Italie, en Espagne et parfois en Europe centrale, des formes hautes, présentant une tige mince souvent faiblement ramifiée.

La plante supporte la sécheresse estivale et les gelées d'hiver. Elle est précieuse par sa forte teneur en vitamine C (120—160 mg pour 100 g de matière fraîche), sa richesse en protéines et sa teneur optimale en cellulose. On la cultive le plus souvent à partir de plants, mais elle peut être semée en place avec un écartement de 40 × 60 cm.

1

Chou-rave Brassicacées
Brassica oleracea var. *gongylodes* *Brassicaceae*

La forme actuelle du chou-rave constitue dans le groupe des choux un aspect évolutif relativement jeune. Des écrits romains datant du IIe siècle avant notre ère mentionnent bien un «chou de Pompéï», qui est une sorte d'ancêtre de la plante qui nous intéresse ici, mais il est difficile de dire avec certitude où le chou-rave est apparu pour la première fois. On lui suppose deux foyers d'origine : un foyer méditerranéen, analogue à celui des autres choux, et un foyer centre-asiatique. Le type asiatique cultivé en Chine et au Tibet se caractérise par un port vigoureux, richement feuillé, un développement tardif et une pulpe douce. La forme orginelle du chou-rave provient sans doute, peut-être par hybridation avec d'autres variétés, des types dits «à mœlle» du chou vert frisé. Dans le Bassin méditerranéen, la forme primitive caractérisée par un tubercule caulinaire allongé, et que Pline l'Ancien dénomme «chou de Pompéï», a donné naissance à un type plus fin, moins vigoureux, au tubercule arrondi. Les conquêtes romaines l'ont répandu au-delà des Alpes, puis en Europe centrale et occidentale. De nos jours aussi, le chou-rave est surtout cultivé en Allemagne, en Suisse, en Autriche et en Tchécoslovaquie. Les variétés actuelles, surtout les types précoces cultivés en Europe centrale, se caractérisent par la finesse de leur feuillage et leurs traces foliaires réduites. Le chou-rave est l'un des légumes printaniers les plus précoces, susceptible d'être forcé par divers procédés culturaux et se prêtant à de nombreuses préparations culinaires chaudes ou froides.

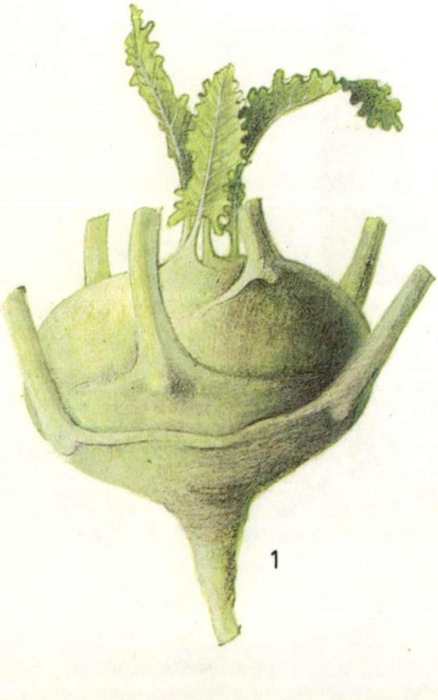
1

La première année, le chou-rave forme, par épaississement de la base de la tige, un tubercule lisse, portant des feuilles longuement pétiolées et couvert d'une couche de pruine. Au cours de la deuxième année, se forme une inflorescence ramifiée, portant des fleurs jaunes (3). Les graines se développent dans des siliques. Le chou-rave se cultive à partir de plants repiqués à des écartements de 20—50 cm. Il supporte de faibles gelées. Ce sont les basses températures positives et non les gelées qui sont responsables d'un allongement indésirable du tubercule, de sa déformation et de la montée en graine des variétés précoces. Plantés trop denses ou manquant de lumière, les plants forment difficilement des tubercules. Les tubercules anciens, poussant dans des

3

2

conditions d'humidité insuffisante, se lignifient facilement. Selon la couleur — du blanc (2) au bleu-violet (1) — et le port, on distingue plusieurs variétés. Les types très précoces (dont les tubercules atteignent 5 cm de diamètre) peuvent être forcés en serre, sur couche, sous des tunnels de plastique ou sous un film plastique perforé. Les variétés hâtives, semi-hâtives et tardives peuvent être cultivées en plein champ. Des variétés très tardives produisent des tubercules atteignant 30 cm de diamètre et pesant plusieurs kilogrammes. Faciles à stocker jusqu'au printemps, ces tubercules présentent l'avantage de devenir à peine fibreux.

Brocoli Brassicacées
Brassica oleracea var. *asparagoides* *Brassicaceae*

Très proche des choux sauvages croissant dans les régions méditerranéennes et dont il descend d'ailleurs, le brocoli est très probablement originaire de la péninsule italienne. C'est surtout au XXe siècle que sa culture s'est répandue, en commençant par l'Italie et les îles méditerranéennes puis en s'étendant à l'Europe occidentale et aux États-Unis. L'aspect et le port du brocoli font penser à une forme de transition entre les autres choux et le chou-fleur. C'est d'ailleurs du chou-fleur que le brocoli se rapproche le plus, au point que certains botanistes le considèrent comme l'une des trois subvariétés de ce dernier : chou-fleur (subvar. *cauliflora*), brocoli-fleur ou brocoli blanc (subvar. *cymosa*) et brocoli-tige ou brocoli-asperge (subvar. *asparagoides*). Le brocoli-fleur se caractérise par une rosette de fleurs qui rappelle, en beaucoup moins dense, celle du chou-fleur. Certains types sont même très difficiles à différencier du chou-fleur, dont ils se distinguent seulement par une durée de végétation plus longue (ils sont bisannuels, se plantent à l'automne et ne poussent bien que dans les régions maritimes aux hivers doux, en Italie par exemple). Le brocoli-tige produit des feuilles gigantesques et un grand nombre de rameaux charnus, libres entre eux, foliés, terminés par de petites rosettes florales mesurant 7—10 cm de diamètre. Ce type est en fait l'ancêtre commun du chou-fleur et du brocoli. Il est annuel et se plante au printemps. On le trouve surtout aux États-Unis et en Europe occidentale.

2

Le brocoli est une plante annuelle ou bisannuelle, haute de 50 à 70 cm. Il se cultive avec un écartement de 60 × 60 cm entre les pieds. Il forme une tige feuillée soit terminée par une rosette (1), soit ramifiée en rosettes (2) de boutons floraux tassés qui constituent la partie la plus intéressante. Chez le brocoli-fleur, cette rosette est blanche, chez le brocoli-tige, elle est verte ou bleu-vert, plus ou moins intensément colorée. Au moment de la floraison, l'inflorescence porte des fleurs jaunes typiques (3), parfois des fleurs blanches. La production de graines est plus facile que

1

3

chez le chou-fleur. Par rapport au chou-fleur, le brocoli est aussi moins exigeant pour ce qui est des conditions de culture, et plus résistant au froid. Le brocoli-tige remonte : lorsqu'on a coupé les rosettes terminales, de nouvelles rosettes se forment sur les rameaux secondaires, ce qui prolonge la récolte sur deux mois dans les cas plus favorables. Le brocoli se consomme le plus souvent bouilli. Il supporte très bien la congélation.

Chou-fleur
Brassica oleracea var. *botrytis*

Brassicacées
Brassicaceae

Le chou-fleur est, après le chou pommé et le chou de Milan, le légume le plus important de ce groupe. L'histoire de sa culture est très longue : elle remonte à l'Antiquité. Son origine géographique est un peu différente de celle des choux à pomme feuillée. On pense qu'il vient soit d'Asie Mineure, soit de Chypre. Des noms comme *karnazit* ou *conopida* qui rappellent le turc font pencher pour l'Asie Mineure. Les plus anciens lieux de culture sont Chypre, la Crète et l'Égypte, d'où il se répand vers le XVIe siècle d'abord en Italie, puis dans le reste de l'Europe. La première représentation connue du chou-fleur sous sa forme actuelle, une rosette de pédoncules floraux raccourcis et charnus portant des fleurs atrophiées à leurs extrémités, date de 1557. De nos jours, le chou-fleur est surtout apprécié en Europe occidentale et centrale, mais sa culture ne cesse de s'étendre aux autres régions du monde. Les souches les mieux connues sont celles de chou-fleurs occidentaux, mais aussi les choux-fleurs italiens, un peu différents et supportant des températures plus élevées. Le chou-fleur est relativement riche en sels minéraux et en vitamine C. Il est facilement digestible. Comme il se prête à de nombreuses préparations culinaires, sa popularité ne cesse d'augmenter.

Le chou-fleur est, le plus souvent, annuel. Il forme une rosette charnue, composée de ramifications courtes, épaisses, terminées par des boutons floraux fermés (1). Au cours de la croissance, la rosette s'allonge et s'écarte peu à peu, les rameaux s'étirent, les boutons grossissent, verdissent puis s'épanouissent en fleurs jaunes (2, 3). La rosette, en perdant son aspect compact, perd aussi sa finesse et sa valeur commerciale. Parmi tous les choux, le chou-fleur est la culture la plus exigeante pour ce qui est d'un approvisionnement régulier en humidité, en matières nutritives et en éclairement. Un approvisionnement irrégulier et insuffisant en eau aboutit à la formation de rosettes de petite taille, lâches, fibreuses. Pour conserver au chou-fleur sa couleur blanche, il faut casser les feuilles qui entourent la rosette en formation et les rabattre par-dessus celle-ci. On emploie pour la culture des plants repiqués à des écartements de 50 × 60 cm. Les différents types se distinguent par la taille et le feuillage, mais surtout par la longueur de la

3

période végétative. Il existe des variétés qui se prêtent au forçage, à une récolte précoce, estivale ou automnale. Le chou-fleur supporte de faibles gelées, jusqu'à — 7 °C. Des plantes récoltées à l'automne avec leur racine peuvent finir de végéter sur couche chaude.

2

1

Radis noir

Raphanus sativus var. *niger*

Brassicacées

Brassicaceae

Le radis noir est l'une des plus anciennes plantes cultivées. Il était déjà connu en Chine au IIe millénaire avant notre ère, mais il est également mentionné, mille ans plus tôt, en compagnie d'autres légumes, sur les inscriptions de la pyramide de Chéops en Égypte. On ne sait s'il a été importé de l'Égypte en Chine ou si les Chinois ont commencé sa culture spontanément. Les noms européens des radis ont très probablement pour origine le nom latin *radix* ou racine. Pour les Grecs, le radis noir était une plante médicinale. Les Germains et les Slaves ne connurent le radis noir qu'au Moyen Age. On pense actuellement que l'ancêtre du radis noir est l'espèce sauvage *Raphanus raphanistrum maritimus.* Une plante européenne très voisine du radis noir est la ravenelle avec laquelle il s'hybride facilement. Des radis noirs cultivés en Extrême Orient (var. *longipinnatus*) atteignent 50—60 cm de longueur de racine et peuvent peser jusqu'à 30 kg. On les a récemment introduits même en Europe sous le nom de rammenas, mais ils y atteignent des proportions plus discrètes. Le radis noir se consomme à l'état cru et devient plus digeste par salage. D'une haute valeur diététique, il est riche en vitamines B et C, il rectifie la flore intestinale et stimule la sécrétion des sucs digestifs. Son goût piquant typique est dû à la présence d'une huile volatile, le sénevol, riche en soufre. Le radis noir n'est pas exigeant en température; on peut le hâter en serre froide ou sous abris de plastique, sur couche ou sous un film perforé.

3

Le radis noir est annuel ou bisannuel. Il forme une rossette de feuilles fortement découpées, lâchement velues au niveau des nervures et une racine conique. La plante fleurie (3) atteint 150 cm de hauteur. Les fleurs (4), les siliques (5) et les graines sont plus grandes que chez le radis. Le radis noir est semé directement en place, puis éclairci à des écartements de 15—20 × 10 cm. Semé trop dense, il ne forme pas de racines charnues. En terrain trop sec, les racines prennent un goût fortement et désagréablement piquant. Il existe des variétés arrondies ou allongées, blanches (2), blanc et rouge,

5

2

4

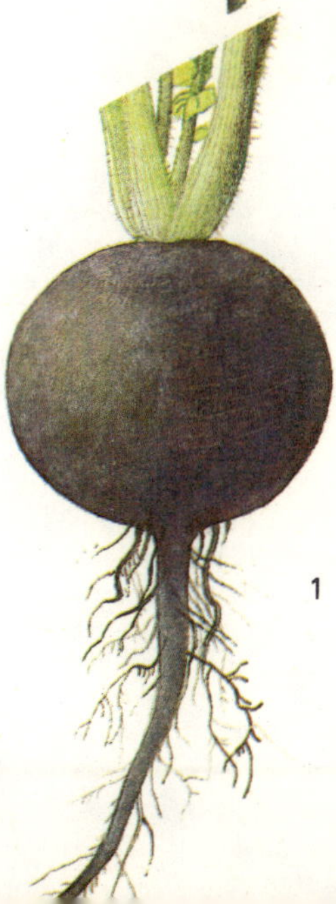

1

rouges, rouge-violet, jaunes et noires (1). D'un point de vue cultural, on distingue des variétés printanières, estivales et automnales et des variétés d'hiver (bisannuelles) qui se prêtent à une conservation prolongée. Les radis d'été peuvent être hâtés à un écartement de 15 × 25 cm. Depuis quelque temps on force de la même manière des radis blancs, originaires de l'est asiatique (rammenas) qui nécessitent un écartement de 25 × 35 cm.

Radis Brassicacées
Raphanus sativus var. *sativus (radicula)* *Brassicaceae*

Même si le radis est un proche parent du radis noir avec lequel il s'hybride et donne une foule de formes de transition, il n'est pas du tout sûr que ces deux légumes descendent d'un ancêtre commun. Il n'est pas démontré non plus que le radis descende du radis noir. Tout ce que l'on sait, c'est qu'il est beaucoup plus jeune. Il est vraisemblablement originaire de l'Europe de Nord-Ouest, ou importé en Europe depuis l'Orient. Les radis sont apparus au XVIe siècle. Comme le radis noir, ils sont répandus dans tous les pays de climat tempéré. Le radis est devenu un légume de forte consommation, surtout en raison de sa courte durée de végétation. Sans grande valeur énergétique, il contient toutefois du sénevol, auquel il doit son goût piquant, des sels minéraux et des vitamines B et C. Les radis se consomment surtout crus, mais se prêtent également à des préparations culinaires chaudes. Ils exercent les même effets que le raifort, stimulent la digestion, l'appétit et sont diurétiques.

Le radis se distingue du radis noir surtout par sa durée de végétation plus réduite, sa taille et sa racine de petite dimension, sa plus forte teneur en eau et son plus faible taux de protéines, de sucres et de fibres alimentaires.

Le radis est annuel. Il forme une rosette de feuilles divisées, ciliées le long des nervures, une racine, puis une tige florale mesurant 60—80 cm de hauteur. Les fleurs blanches ou rosées cèdent la place à des siliques (4) remplies de graines (5). Les racines peuvent être de teinte unie : blanches, rouges (1), écarlates, violacées ou jaunes ; ou bicolores, rouges et blanches (3). Elles se différencient aussi par leur forme, arrondie, ovale, cylindrique ou longuement fuselée (2). Le radis se sème directement en place, au printemps ou à l'automne. Les semis d'été montent le plus souvent en graine, comme il est naturel pour une plante typique de jours longs. Ses faibles exigences thermiques et son développement rapide font du radis la plante idéale pour une première culture dans une succession. Cette même rapidité jointe à sa petite taille le destinent aussi à être semé entre les rangs d'une culture à croissance lente. Les racines de bonne qualité doivent être consommables en 20--40 jours. Si leur croissance est plus lente, les radis deviennent creux et piquent. Le plus pratique est de semer les radis de quinze en quinze jours et de les récolter à mesure qu'ils parviennent à une taille consommable. Les racines débarrassées des parties vertes et stockées en enveloppes plastiques à des températures de 0—2 °C se conservent sans problèmes pendant plusieurs semaines.

5
1
3
2
4

Rutabaga, chou-navet — Brassicacées
Brassica napus var. *napobrassica* — *Brassicaceae*

Le rutabaga est cultivé depuis si longtemps qu'il est impossible de préciser avec certitude sa patrie d'origine. De plus, les écrits anciens ne le distinguent pas du navet. Du point de vue botanique, le rutabaga est plus proche de la ravenelle que du navet. Les plus anciens documents qui le mentionnent datent du IIe millénaire avant notre ère. On en trouve un type sauvage sur le littoral nord de l'Afrique et surtout en Algérie. Avant l'introduction de la pomme de terre, mais même aux époques postérieures, le rutabaga a été d'un grand secours en période de disette. C'est, en effet, une espèce modeste qui peut être cultivée en altitude, d'un haut rendement, résistante au gel, facilement stockable et utilisable d'une multitude de manières. Sa valeur nutritive est supérieure à celle du navet. On le prépare le plus souvent de la même manière que le chou, mais il est délicieux même à l'état cru. On le recommande par exemple lors de maladies inflammatoires du tube digestif. Il contient surtout du sucre, de la vitamine C et B et des sels minéraux.

Il existe des variétés blanches (f. *communis*), violacées à pulpe blanche (f. *purpurascens*) et jaunes à chair jaune (f. *rutabaga*). On consomme comme légume surtout les formes à chair jaune, les plus riches en matières intéressantes et les plus fines au point de vue gustatif. Les variétés blanches sont plutôt cultivées pour servir de fourrage.

En Europe occidentale, on cultive aussi une forme de rutabaga (f. *pabularia*) dont on récolte les feuilles en les coupant progressivement près de la tige ou du collet. Ces feuilles se préparent comme le chou de Milan ou les épinards et leur principal intérêt réside surtout dans leur récolte précoce.

Au cours de la première année, le rutabaga forme une rosette de feuilles ondulées, bleutées et couvertes d'une pellicule cireuse, ainsi qu'une racine conique à arrondie, surmontée d'un toupet de feuilles hautes. Il se distingue de son voisin, le navet, dont les feuilles sont vert cru et la racine de plus grande taille. On peut le semer en avril directement en lignes distantes de 40 cm ou le repiquer en mai, après un semis en pépinière. La récolte a lieu de 18 à 20 semaines après la plantation. Son développement rapide en fait une bonne culture dérobée. Les tubercules de chou-navet n'ont pas de racines profondes et leur masse est posée sur le sol : on aura intérêt, durant le cycle végétatif, à les butter. Le rutabaga supporte des gelées allant jusqu'à —10 °C et peut donc être récolté même tardivement à l'automne. Les tubercules

mûrs sont faciles à conserver en cave ou en silo. Au contraire d'autres espèces de légumes-racines, on doit ici couper, au moment de la récolte, l'ensemble des feuilles avec la pousse centrale.

La forme *pabularia* doit être semée en lignes distantes de 10—25 cm, en mars ou en août, puis éclaircie à des distances de 4 cm. La récolte consiste à couper les feuilles en juin à juillet ou en avril pour les cultures d'hiver.

Navet Brassicacées
Brassica rapa var. *rapa* *Brassicaceae*

La littérature ancienne ne fait pas de différence entre le navet et le rutabaga et on ne peut guère les étudier séparément du point de vue évolutif. Pourtant, les deux espèces n'ont pas les mêmes ancêtres. Le navet est vraisemblablment originaire des régions montagneuses de la partie africaine du Bassin méditerranéen, surtout d'Algérie et descend probablement de l'espèce sauvage *Brassica rapa*, qui existe dans le Bassin méditerranéen et dans toute l'Europe jusqu'en Sibérie. Cette espèce était d'abord cultivée pour ses graines oléagineuses, les formes à racines renflées sont apparues par la suite. Les Grecs et les Romains la cultivaient comme légume et comme plante fourragère et c'est par leur intermédiaire qu'elle a pénétré dans le reste de l'Europe. Avant l'introduction de la pomme de terre dans nos pays, le navet comme le chou-navet étaient d'une grande importance pour l'alimentation humaine et pour celle du bétail, en temps de guerre et si la récolte était mauvaise. C'est une plante peu exigeante pour la température et pour les conditions édaphiques, elle résiste au gel et présente une durée de végétation courte, ce qui en fait une bonne culture sur chaumes. Le navet a une valeur diététique et énergétique plus faible que le rutabaga et sa chair est plus aqueuse. Son intérêt principal tient au fait que les racines jeunes peuvent être récoltées dès le début de l'été. On connaît trois groupes de variétés : les variétés d'automne (f. *communis*), cultivées dans les régions nordiques, les variétés dites de mai (f. *majalis*), les plus précoces et les plus souvent cultivées et les variétés pygmées ou de Teltow (f. *pygmaea* ou f. *teltowiensis*), aux racines petites, faciles à stocker, au goût relevé et riches en huiles essentielles et en sucres. Le navet jeune se mange cru, conservé au sel ou fermenté.

Dans sa première année de culture, le navet forme une rosette de feuilles lisses, d'un vert cru et une racine globuleuse, aplatie ou allongée, à peau blanche (1), jaune, grise, violacée (2), orange ou noire. La chair est blanche, aqueuse, ou jaune à orangée (et plus dense). Dans sa deuxième année, la plante donne naissance à une inflorescence ramifiée formée de fleurs jaunes. Le navet est le plus souvent semé directement en place

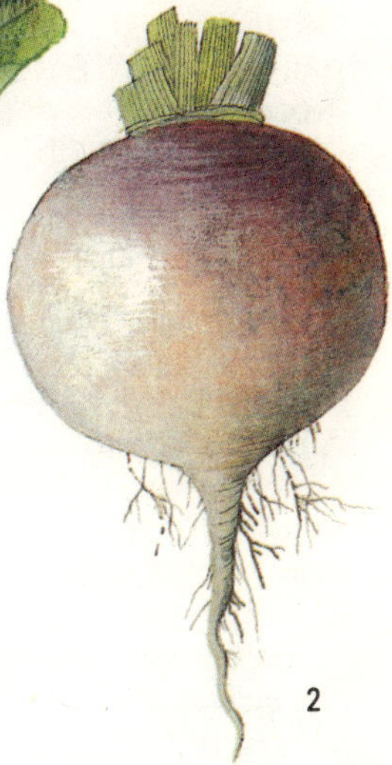

2

de mars à septembre et cultivé à des écartements de 20 × 30 cm. Les variétés précoces sont semées de manière échelonnée et peuvent être récoltées au bout de 6 semaines. Les semis d'août et de septembre donnent en novembre des racines mûres qui se prêtent au stockage.

1

Betterave potagère
Beta vulgaris var. *crassa*

Chénopodiacées
Chenopodiaceae

Toutes les betteraves cultivées (la betterave potagère, la bette, la betterave fourragère et la betterave à sucre) ont pour ancêtre commun l'espèce sauvage *Beta vulgaris* var. *maritima,* originaire de l'Est du Bassin méditerranéen et des régions steppiques voire désertiques de l'Asie centrale et de l'Asie antérieure. De là, l'espèce sauvage s'est répandue vers l'Est en Inde antérieure et vers l'Ouest jusqu'à la mer du Nord. Cette espèce est très variable et montre fort bien ce que l'homme peut obtenir par sélection et amélioration. Les Grecs et les Romains de l'Antiquité connaissaient la betterave cultivée rouge et blanche qu'ils employaient pour l'alimentation humaine et comme fourrage; ils connaissaient également la poirée ou bette. La betterave fourragère et la betterave à sucre sont apparues seulement au XIXe siècle. Toutes les variétés citées s'hybrident facilement entre elles. La betterave potagère est surtout appréciée en Europe orientale et en Amérique. Elle est intéressante par ses sucres et ses acides organiques. La coloration rouge-violet typique de la chair est due à la présence d'un pigment, l'anthocyane. Chez les variétés nobles, l'anthocyane est distribué régulièrement dans toute la pulpe; chez les variétés communes, les faisceaux vasculaires apparaissent sur la section de la racine sous forme de cercles blancs. Par la suite, des variétés jaunes ont également été obtenues. La racine est sphérique (1), aplatie ou cylindrique (2). La betterave potagère est surtout consommée cuite, en salade, en soupe ou en légume chaud. Dans les pays où elle est particulièrement appréciée, on consomme aussi les jeunes racines à l'état cru. La préparation la plus commune est évidemment la conservation.

La betterave potagère est une plante bisannuelle, mais elle peut monter à fleur dès la première année sous l'effet de basses températures au commencement de son cycle. Elle forme une rosette de feuilles brillantes, longuement pétiolées, vert sombre à rouge violacé. Le tubercule racinaire est le plus souvent posé sur le sol et s'arrache facilement. Au cours de la deuxième année, la plante atteint une hauteur de 60—120 cm. Les fleurs menues, discrètes, de couleur vert-jaune, sont groupées en panicules (3). Comme chez toutes les betteraves, le fruit est un glomérule (4) contenant 3—4 graines. A une époque récente, la sélection a permis d'obtenir des variétés monospermes, contenant un seul germe par fruit. Leur intérêt réside dans leur facilité d'éclaircissage. La betterave potagère est toujours semée directement en plate-bande, en lignes distantes de 30—40 cm. Elle doit être éclaircie à 10 cm d'écartement. Les semis de mai à juin permettent d'obtenir des racines de bonne qualité, de taille moyenne. Lorsqu'elles dépassent 10 cm de diamètre, leur chair devient fibreuse. La betterave potagère se plaît partout, sauf en montagne. Elle gèle facilement et doit donc être récoltée avant la venue des froids.

4
3
2
1

Carotte — Apiacées
Daucus carota — *Apiaceae*

La carotte est spontanée sur tout le territoire européen. C'est de là qu'elle s'est étendue en Afrique du Nord, en Asie et en Chine. La carotte sauvage est une plante adventice courante et s'hybride facilement avec la carotte cultivée. La carotte était déjà connue des Grecs et des Romains; les Germains et les Slaves la connaissaient bien avant les conquêtes de leurs territoires par Rome. La plupart des langues européennes conservent le nom latin *carota.* C'est aussi de là qu'est tiré le nom du carotène (provitamine A), découvert dans la carotte en 1831. Le type primitif avait une grande racine charnue, blanche, jaune ou orange, semblable aux carottes fourragères actuelles. En Inde, il existe même une forme à racine violette. La sélection a peu à peu fait apparaître des types rouge orange de formes diverses : cylindres plus ou moins allongés (5), formes coniques (4) ou globuleuses (6). C'est surtout en France, en Angleterre et en Hollande qu'on a créé, seulement au siècle dernier, des variétés fines, obtenues par une sélection intensive. Les variétés précoces ont une racine fine, le plus souvent obtuse; elles sont récoltées au fur et à mesure des besoins, jamais stockées. Les variétés tardives, à la racine le plus souvent aiguë, plus grande que chez le groupe précédent, sont destinées au stockage.

La carotte est la source la plus riche en provitamine A (10 mg pour 100 g de matière fraîche). Elle contient également les vitamines B_1, B_2 et C, des sucres et des protéines. Facile à cultiver et à conserver, c'est le légume-racine le plus important de nos jours. On en fait nombre de plats chauds, mais c'est à l'état cru qu'elle conserve le plus de sa valeur diététique.

5

4

La carotte est une plante bisannuelle. Dans sa première année, elle forme une rosette de feuilles plusieurs fois pennées (2) et une racine charnue (1). Au cours de la seconde année, la tige atteint jusqu'à 160 cm de hauteur. Richement ramifiée, elle porte des ombelles composées, formées de fleurs blanc crème. Par temps frais au début du cycle, elle fleurit dès la première année. La section de la racine montre une partie périphérique entourant un cylindre central de texture plus fibreuse (3.) Le fruit est un diakène de

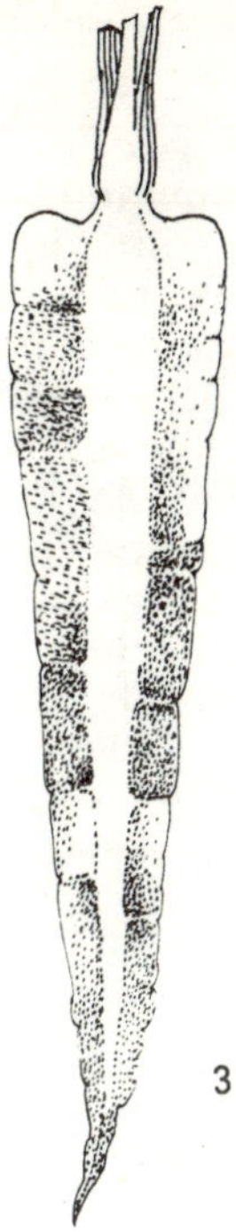

3

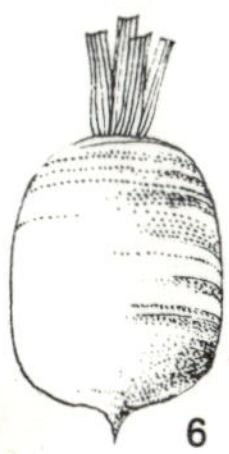

6

2

1

couleur brune, couvert de poils épineux. La carotte est semée directement en lignes distantes de 20—30 cm, puis éclaircie à un écartement de 5 cm. Elle germe lentement. On la cultive en plates-bandes ou on la hâte en serre, sur couche, ou sous abris de plastique. Les variétés se différencient par la forme de la racine et la durée de la période végétative. Les racines d'un certain âge, plus riches en fibres et en eau, éclatent facilement. Dans un sol caillouteux, manquant de profondeur, les racines se déforment et se ramifient.

Céleri-rave
Apium graveolens var. *rapaceum*

Apiacées
Apiaceae

Le céleri-rave et le céleri à côtes ont pour ancêtre commun une forme sauvage sans racine charnue, au goût fortement aromatique, âcre et âpre, ce qui la rend impropre à la consommation. Le céleri cultivé était déjà connu en Égypte, en Grèce et à Rome. Dans la plupart des langues européennes, le nom du céleri dérive du grec *selinon*. La racine charnue, les feuilles et les graines contiennent une essence volatile qui doit son parfum à une lactone nommée sédanolide. Rien ne confirme, par contre, les vertus aphrodisiaques que l'on prête souvent au céleri. La culture du céleri a abouti à le diviser en trois variétés. La variété *secalinum* ou céleri à couper est la plus proche de la variété sauvage *silvestre.* La variété *dulce* comprend les formes de céleri à côtes et la variété *rapaceaum* les céleris-raves. Ces trois variétés se croisent facilement et leurs graines sont identiques à l'œil nu. Le céleri-rave est un légume apprécié et cultivé surtout en Europe centrale, septentrionale et orientale, où il constitue l'une des trois plus importantes sortes de légumes-racines. Il se caractérise par une racine fortement charnue et un feuillage abondant, de même valeur alimentaire que celui du céleri à couper. On distingue plusieurs formes de céleri-rave qui se différencient par de légères variations de taille et de forme de la racine, de coloration et de développement du feuillage. La racine est utilisée cuite ou crue et entre dans la préparation de nombreux mets tant chauds que froids. Elle se conserve fort bien jusqu'au printemps.

C'est une plante bisannuelle. Dans sa première année, elle forme une racine charnue souterraine (1) surmontée d'une dense rosette de feuilles pennatiséquées, d'un vert foncé brillant. Au cours de la seconde année, la plante atteint environ 80 cm de hauteur. Ses tiges ramifiées portent des ombelles de fleurs verdâtres (2). Le fruit est un diakène menu. Le froid ou la sécheresse en début de période végétative la font souvent fleurir dès la première année, ce qui nuit à la qualité de la racine. Celle-ci, de forme sphérique, porte dans sa partie inférieure de fortes racines charnues. La

pulpe est de couleur crème, dans des conditions défavorables tachée de roux et fibreuse. Les racines sont profondes et le céleri-rave demande donc une terre humifère, riche en eau. La période végétative est longue, la croissance d'abord lente, et les jeunes plants craignent le gel. On utilise donc exclusivement des plants obtenus en pépinière et repiqués en mai avec un écartement de 30 × 50 cm. Le semis se fait au début de mars. Les racines peuvent être récoltées durant leur végétation, même si elles n'ont pas atteint la taille maximale.

2 1

Persil-racine Apiacées
Petroselinum crispum var. *radicosum* *Apiaceae*

On rencontre sur tout le pourtour du Bassin méditerranéen, de l'Espagne jusqu'en Tunisie en passant par la Yougoslavie, la Grèce, le Liban, le Maroc et l'Algérie, la forme sauvage du persil, dotée d'une fine racine coriace. Elle est également naturalisée en Norvège et en Islande. C'est une plante montagnarde que l'on rencontre le plus souvent dans les rochers aux abords des torrents. Son origine écologique est également attestée par son nom grec *petroselinum,* céleri de rochers. Notons d'ailleurs que, dans l'Antiquité, persil et céleri étaient souvent confondus. C'est par l'intermédiaire des Romains que le persil s'est répandu dans les autres pays européens et il faut attendre le Moyen Age pour qu'il prenne une certaine importance en tant que légume. Charlemagne le classait parmi les espèces qu'il demandait tout particulièrement de cultiver dans les jardins impériaux. En 1548, le persil pénètre en Angleterre, puis en Amérique quelque temps plus tard. La sélection a permis d'obtenir des formes dotées de racines tendres, fuselées et charnues. Avec la carotte et le céleri, le persil-racine forme un ensemble irremplaçable pour les bouquets garnis. Toute la plante est riche en manganèse et contient en forte proportion un glucoside, l'apiine, aux effets diurétiques. Les graines servent à la distillation d'une essence, utilisée entre autres pour la fabrication d'extraits aromatiques pour potages. Les graines moulues sont également employées comme aromates. La racine contient 25—40 mg de vitamine C pour 100 g de matière fraîche, mais les parties vertes sont encore beaucoup plus riches et s'emploient de la même manière que le persil courant.

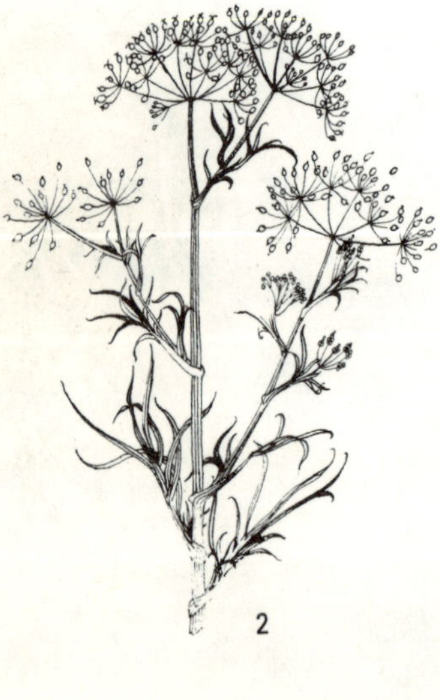
2

Le persil-racine est une espèce bisannuelle. Au cours de la première année, il forme une rosette de feuilles pennatiséquées, longuement pétiolées, et luisantes, ainsi qu'une racine charnue fuselée (1). Au cours de la deuxième année, apparaît une tige dressée, creuse, finement cannelée. Cette tige ramifiée est haute de 80—120 cm. Les ombelles sont composées (2), les fleurs d'un vert jaunâtre. La floraison a lieu en mai et juin. Le fruit est un diakène ovoïde (3) au parfum caractéristique. Le persil-racine demande une exposition ensoleillée, un sol profond et suffisamment humide. On

1

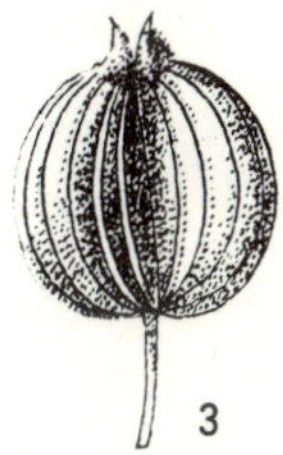

3

le sème directement en place, très tôt en saison, car il germe lentement, en lignes éloignées de 30—35 cm, puis on éclaircit les plants à 10 cm. On peut également le semer dès l'automne. Les racines mûres sont récoltées vers la fin de l'automne et stockées en cave ou en silo ; elles peuvent aussi passer l'hiver dehors. Les racines jeunes peuvent être employées dès l'été. En sol peu profond, les racines se tordent et poussent mal.

N.d.t. A notre connaissance, le persil-racine n'est pas cultivé en France et c'est bien dommage.

Panais Apiacées
Pastinaca sativa *Apiaceae*

Le panais sauvage est spontané sur le continent eurasiatique. On le trouve en abondance dans les prairies, les fossés, le long des chemins et au bord des champs. Sa découverte dans les constructions sur pilotis trouvées en Suisse et en Italie et datant d'il y a environ trois mille ans prouve que c'est une très ancienne plante cultivée. L'hybridation aisée du panais cultivé avec le panais sauvage prouve qu'il s'agit de variétés très proches. On pense qu'avant l'arrivée de la pomme de terre en Europe le panais tenait dans l'alimentation humaine un rôle de premier plan qu'il a perdu de nos jours. Il est également certain que la culture de la carotte a repoussé le panais à l'arrière-plan des légumes et cela, malgré sa valeur nutritive supérieure à celle et de la carotte et du navet. Le panais est cultivé pour ses racines charnues, fortement aromatiques, douces au goût comme à l'odeur. La racine largement conique est extérieurement brun-jaune, à l'intérieur d'un blanc pur et contient une forte proportion de protéines aisément digestibles. On l'emploie comme élément de potages, de sauces et de salades ou encore chaud comme légume d'accompagnement. Le panais est aussi employé par l'industrie alimentaire comme l'une des composantes de mélanges de légumes déshydratés. Comme le panais a un plus fort rendement et qu'il est plus modeste que le persil-racine, il remplace souvent ce dernier sur le marché. Il est riche en précieuses huiles essentielles qui donnent à la plante comme à ses graines une odeur agréable. Il est surtout bien pourvu en vitamine C (30 mg pour 100 g de matière fraîche).

Le panais est un légume bisannuel. Au cours de la première année, se forme une rosette de feuilles divisées, larges, et lisses, ainsi qu'une racine charnue (1) ; au cours de la seconde année, apparaît la hampe florale qui est ramifiée, haute de 150 cm maximum, portant des ombelles formées de fleurs d'un jaune soutenu (2). Le fruit est un diakène ailé (3). Sous l'effet d'un manque de chaleur au début de la période végétative, le panais peut monter en graine dès la première année. C'est une plante résistante au gel et les racines peuvent fort bien passer l'hiver en pleine terre. On ne lui connaît pratiquement aucune maladie ni aucun ravageur. Sans exigences particulières, il ne demande qu'un sol relativement

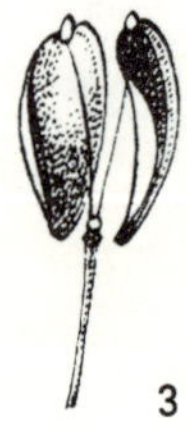

3

profond et assez humide. On le sème le plus tôt possible au printemps, en lignes distantes de 30—40 cm et on l'éclaircit à 10 cm. Les racines atteignent leur maturité seulement en novembre et se prêtent fort bien à la conservation. On peut aussi les récolter, avant leur maturité totale, dès l'été.

2

1

Cerfeuil bulbeux — Apiacées
Chaerophyllum bulbosum — *Apiaceae*

Le cerfeuil bulbeux est originaire d'Europe occidentale et d'Europe du Nord-Ouest où on le trouve à l'état spontané. On le rencontre rarement en Europe centrale, dans les bois et sur les pentes broussailleuses. Il est utilisé en légume seulement depuis la deuxième moitié du XIXe siècle, c'est donc l'un des légumes les plus jeunes que nous connaissions. En Europe, le cerfeuil bulbeux est cultivé à petite échelle en Hongrie et en Allemagne. Ses parties utiles sont à la fois les tubercules racinaires et les feuilles. Dans les régions septentrionales, par exemple en Sibérie, il est surtout cultivé pour ses tubercules, dans les régions méridionales, comme en Espagne, pour ses parties vertes aromatiques. Les courtes racines épaissies en tubercules servent à la préparation de salades, mais sont surtout consommées bouillies et pelées comme les pommes de terre. La pulpe contient 34 % d'amidon, elle est de texture farineuse et son goût rappelle celui des châtaignes. Les tubercules sont récoltés d'octobre à novembre, mais leur goût agréable ne se développe qu'après un stockage de plusieurs semaines dans du sable humide, ce qui fait qu'on les consomme surtout de décembre à mars. Les jeunes parties vertes, dont l'aspect rappelle les feuilles de persil, peuvent être préparées en salade et doivent alors être récoltées en juillet. Le cerfeuil bulbeux est une plante peu exigeante et les racines se développent correctement du moment que le sol est léger et bien travaillé.

Le cerfeuil bulbeux est une plante bisannuelle. Comme toutes les espèces de la famille des Apiacées, il forme pendant sa première année d'existence une rosette de feuilles plusieurs fois pennatiséquées (1) et une racine-pivot souterraine (3), jaune clair, épaissie en tubercule. Au cours de la seconde année, apparaissent les hampes florales qui ont une section arrondie et sont creuses, couvertes de poils rugueux à la base et tachées de rouge sang. Ces hampes atteignent jusqu'à 150 cm de hauteur. Les fleurs blanches (2), disposées en riches ombelles composées, s'épanouissent en juin à juillet. Les fruits sont des diakènes gris-vert, dépourvus de bec (4, 5). Les graines perdent leur pouvoir germinatif après la deuxième année. Le cerfeuil bulbeux se sème au tout début du printemps ou à l'automne (en septembre—octobre). Les graines sont exceptionnellement longues à germer, si bien que le semis d'hiver ne lève qu'au printemps. La distance idéale entre les rangs est de 20 cm et les plants doivent être éclaircis à 5—10 cm. Lors de la récolte, on peut laisser en terre les tubercules qui ne dépassent pas la taille d'une noisette et ne les récolter que l'année suivante.

3
2
4
1

Chervis
Sium sisarum

Apiacées
Apiaceae

Le chervis est une plante cultivée depuis des siècles pour sa racine charnue au goût légèrement sucré. Originaire de Chine, il continue à y être cultivé, ainsi qu'au Japon, pour ses qualités nutritives. C'est au Moyen Age et au début des temps modernes que la culture du chervis s'est répandue de l'Orient jusqu'en Europe centrale mais, de nos jours, elle est devenue très rare en Europe.

La racine contient une proportion relativement importante de sucres (6—8 %) et, à ce titre, fait partie des cultures sucrières de remplacement. Le goût sucré vaut également à la plante le nom de «racine douce» qui lui est donné dans certains pays. Les racines présentent aussi des vertus médicinales, notamment pour le traitement de maladies pulmonaires. Comme légume, le chervis est surtout consommé bouilli. Il sert également à la préparation de sirops.

2

5

Le chervis est une plante bisannuelle à pérenne. Au cours de la première année, il forme une rosette de feuilles pennées (1) et une touffe de 10—15 racines charnues (2) à la peau d'un blanc sale recouvrant une pulpe d'un blanc pur. Ces tubercules racinaires mesurent environ 20—30 cm de longueur et 2—3 cm d'épaisseur. Ils sont farineux et légèrement sucrés. Au cours de la deuxième année, se forme une hampe feuillée, creuse, cannelée, atteignant 150 cm de hauteur et portant de grandes ombelles composées (3) formées de fleurs blanches (4). La floraison a lieu en juillet — août.

Les akènes (5) d'un gris-vert à gris-brun rappellent le cumin à fines graines. Le chervis se sème directement en place vers la fin de l'été — d'août à septembre — en lignes écartées de 30 cm. Il sera éclairci par la suite à 15 cm. Comme tous les légumes-racines, le chervis demande un sol nutritif, relativement humide et profond. Les racines sont récoltées à l'automne de la seconde année.

3
1
4

Salsifis noir, scorsonère Astéracées
Scorzonera hispanica *Asteraceae*

La scorsonère est originaire du Sud-Est de l'Europe et surtout d'Espagne (comme l'indique son nom spécifique latin). Quant au nom de genre, il dérive de l'italien *scorzone* qui est le nom d'un serpent venimeux de couleur noire. Comme légume, le salsifis noir est d'emploi relativement récent : au XVIe siècle, on ne connaissait encore que les vertus médicinales de la plante sauvage. C'est en Europe méridionale qu'on a découvert et exploité ses qualités alimentaires. On consomme ici la longue racine, de texture fine et de goût agréable. Le salsifis noir est un légume précieux pour les diabétiques car il ne contient qu'une faible proportion de sucre et l'amidon y est remplacé par un polysaccharide, l'inuline, typique chez les représentants de la famille des astéracées. De forte valeur calorique, il n'est dépassé dans ce domaine que par les pois et les haricots. On le recommande également aux rhumatisants, mais sa culture n'est pas très répandue, sans doute parce qu'il demande un sol à la fois profond et léger. On le consomme à la manière de l'asperge, mais il peut aussi être mangé cru ou conservé dans une marinade aigre-douce. Les jeunes rejets de la scorsonère sont quelquefois consommés comme les épinards. Pour être de bonne qualité, les racines doivent être fraîches, juteuses, exsudant un lait blanc à la cassure. On peut les stocker en silo, en cave ou sur couche, mais la meilleure manière est encore de laisser les racines en place, car elles résistent parfaitement au gel.

C'est une plante vivace. Au cours de la première année, se forme une rosette de feuilles longuement lancéolées, entières, raides, imperceptiblement dentelées, ainsi qu'une racine fine, cylindrique, simple, atteignant 30—40 cm de longueur (1). La peau de la racine est d'un noir cendré (d'où le nom de la plante), mais la chair interne est blanche. Un lait blanc (latex) s'écoule de la racine à la moindre blessure. Au cours de la deuxième année, on voit apparaître une tige ramifiée, dépassant 1 m de hauteur et portant des capitules floraux d'un jaune soutenu (2), et qui dégagent une agréable odeur chocolatée. Le fruit est un akène allongé muni d'une aigrette en parachute et rappelant par sa forme et sa coloration un fragment de paille (3). Le salsifis noir doit être semé directement en place, en lignes distantes de 25—40 cm, le plus tôt possible au printemps ou même en automne, vers août—septembre. Les plants sont éclaircis à une distance de 8—15 cm. Le semis de printemps permet une récolte la même année avant les gelées, le semis d'automne, une récolte l'année suivante. Les plantes ne doivent pas fleurir pour ne pas s'épuiser, mais la floraison ne nuit en rien à la qualité des racines. Les sujets vieux de plusieurs années produisent des racines ligneuses ; une fumure inadaptée les rend amères ou spongieuses. La récolte doit s'effectuer avec prudence, car les racines sont fragiles et cassantes.

Salsifis blanc, barbe-de-bouc
Tragopogon porrifolius

Astéracées
Asteraceae

Le salsifis blanc est originaire d'Europe méridionale et du Bassin méditerranéen. Ses qualités alimentaires étaient déjà connues dans l'Antiquité. De nos jours, sa culture est limitée, car il a été supplanté par le salsifis noir, d'un rendement plus élevé et d'une valeur diététique plus forte. Le salsifis blanc reste toutefois apprécié en France, en Italie, en Allemagne. Il se naturalise facilement. Il présente beaucoup de caractères communs avec la scorsonère et ses emplois culinaires sont également voisins. Il s'en distingue surtout par la forme plus conique et massive de sa racine de couleur jaune sombre. Même les noms attestent la parenté des deux légumes : salsifis noir pour la scorsonère, salsifis blanc pour l'espèce qui nous intéresse ici. Comme la scorsonère, le salsifis blanc demande un sol profond et riche en éléments nutritifs. A la différence de la scorsonère, il fleurit facilement dès la première année et les racines des sujets fleuris deviennent dures, ligneuses et impropres à la consommation. Le salsifis se conserve bien, mais comme ses racines résistent parfaitement au gel, elles peuvent passer l'hiver en plein sol. Il faut cependant veiller à les récolter à temps au printemps, avant la floraison. Les blessures des racines laissent écouler un lait blanc. Comme chez les autres astéracées, les racines ne contiennent pas d'amidon mais de l'inuline, ce qui les rend fort intéressantes pour les diabétiques.

C'est une plante bisannuelle. La première année, elle produit une rosette de feuilles étroites, longues, linéaires-lancéolées, et une racine longue de 15—30 cm (1), élargie dans sa partie supérieure et souvent ramifiée près de la pointe. Au cours de la seconde année se développe la hampe florale haute de 60—120 cm. Les capitules (2) pourpre-violet

1

2

s'épanouissent en juin—juillet. Le fruit est un akène brun clair, mesurant 12—14 mm de longueur et terminé par un bec. Les salsifis blancs doivent être semés directement en place de mars à mai, en rangs distants de 20—25 cm, puis éclaircis à 8—10 cm. La récolte a lieu en octobre, avant le gel du sol. On éliminera les racines des plantes fleuries car on ne peut les consommer.

Raiponce
Campanula rapunculus

Campanulacées
Campanulaceae

La raiponce est une plante connue depuis fort longtemps. Au Moyen Age déjà, sa racine était utilisée pour ses vertus médicinales et ses qualités culinaires. C'est une espèce eurasiatique et nord-africaine, spontanée dans les prairies, les bois clairs, les broussailles et les vignes, sur une vaste aire de distribution de la plaine jusqu'aux plateaux montagneux. On emploie les racines qui sont blanches, charnues, en forme de carotte. D'un goût très agréable, ces racines se préparent comme les autres légumes-racines. En Europe méridionale, on apprécie aussi une salade faite des jeunes feuilles de raiponce. C'est un légume surtout cultivé en France, plus rarement et de façon isolée en Europe centrale, mais qui mériterait plus de popularité. La plante résiste au gel et peut donc être récoltée d'octobre jusqu'au printemps, tant que le sol n'est pas trop gelé. Comme les autres légumes de ce groupe, la raiponce demande un sol assez profond, bien ameubli. Pour le reste, c'est une plante sans grandes exigences.

3

La raiponce est une plante bisannuelle. Au cours de la première année elle forme une rosette de feuilles au limbe large, finement dentelé, porté par un long pétiole ainsi qu'une racine conique, épaisse (1), longue de 7—8 cm, avec un diamètre de 1,5—2 cm. Au cours de la deuxième année se forme la tige simple, cannelée, haute de 30—100 cm. Cette tige est glabre ou lâchement velue et porte des panicules racémeuses, allongées (2), formées de fleurs qui s'épanouissent de mai à août. La corolle bleue est campanulée (3). Le fruit est une capsule déhiscente renfermant des graines fines et

2

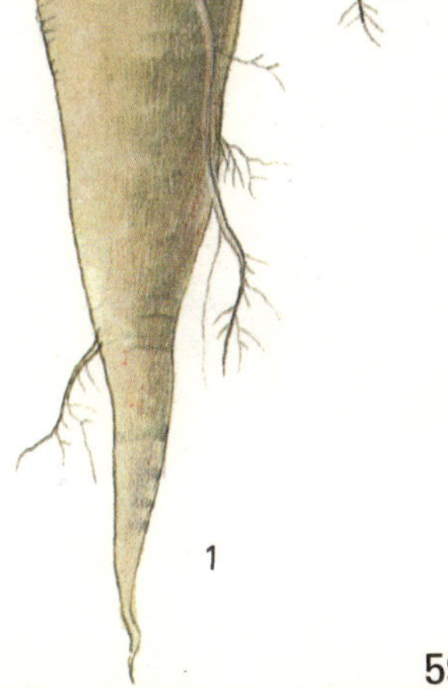

1

menues. Ces graines germent à la lumière et doivent donc être semées à la surface du sol. Il est indiqué de presser légèrement la surface, mais de ne pas les recouvrir. La raiponce doit être semée en place, sans repiquage, soit sur couche chaude soit en plate-bande, de préférence en mai. Les lignes seront écartées de 20—25 cm et les plants distants de 5—8 cm.

Souchet comestible, amande de terre — Cypéracées
Cyperus esculentus — *Cyperaceae*

Le souchet comestible ou amande de terre est originaire de l'Europe orientale, de l'Asie antérieure et de l'Afrique. Il est spontané en Égypte et au Soudan. C'est une très ancienne plante cultivée dont les tubercules ont été découverts dans les tombeaux égyptiens des IIIe et IIe millénaires avant notre ère. L'extension du souchet s'est faite surtout grâce aux Arabes qui l'employaient souvent à la place des amandes. En fait, le souchet est surtout une plante oléagineuse. Ses tubercules souterrains contiennent 30 % d'amidon, 14 % de saccharides et 20 % d'une huile très fine, de qualité comparable à l'huile d'olive. Le souchet comestible peut être utilisé d'un grand nombre de manières. Les tubercules sont consommés crus comme succédané d'amandes ou grillés pour remplacer les cacahuètes. Grillés à fond puis moulus, ils remplacent le cacao ou le café. La farine des tubercules crus est un excellent additif en pâtisserie. Les tubercules crus ou les tourteaux d'extraction sont un excellent aliment du bétail. Le souchet comestible est surtout cultivé en Espagne et en Italie, mais aussi en Hongrie, aux États-Unis et en U.R.S.S. Depuis quelques années, les sélectionneurs s'efforcent, surtout en Allemagne de l'Ouest, d'obtenir des tubercules arrondis, faciles à peler. Le souchet est une culture exceptionnellement productive. Malgré sa petite taille, les rendements de tubercules sont élevés dans les régions chaudes et en sols sableux à échauffement rapide (jusqu'à 250 q/ha, ce qui donne environ 10 q/ha d'huile) et les tourteaux résiduels sont de très bonne qualité.

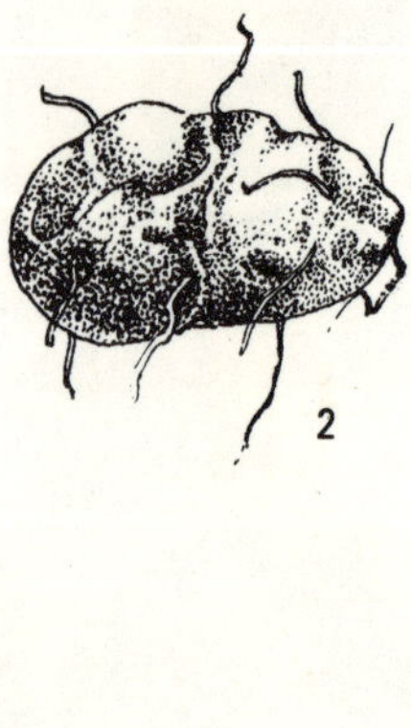

2

La plante annuelle, haute de 20—60 cm, rappelle par son aspect l'herbe (1). Les limbes foliaires sont allongés, larges de 4 mm. Dans le sol, des rhizomes rampants s'épaississent à leur extrémité pour former des tubercules arrondis ou en forme de tonnelet (2), longs de 1,5 à 2 cm. Dans des conditions favorables, une seule touffe peut produire jusqu'à 1000 tubercules. Les épis floraux sont linéaires, jaune-doré, avec des bractées membraneuses. Les fruits sont des akènes brun-rouge brillant. Le souchet se multiplie uniquement par voie végétative. Les tubercules sont plantés en avril en plates-bandes, avec un écartement de 30 cm entre les rangs et 6—10 cm entre les pieds, à une profondeur de 2—3 cm. On peut aussi préparer les jeunes plants en récipients de culture et les planter au mois de mai. Le souchet demande une humidité suffisante et ne supporte pas les sols lourds et pierreux. Les tubercules sont récoltés en octobre. On arrache alors tout le pied, avant de détacher les tubercules, de les laver et de les sécher.

1

Pomme de terre *Solanum tuberosum*

Solanacées *Solanaceae*

La pomme de terre est originaire des régions montagneuses des Andes d'Amérique du Sud. L'ancêtre de notre pomme de terre européenne provient de l'île chilienne de Chiloe et fut introduit en Europe en 1565 par des navigateurs espagnols. Au début, la pomme de terre n'était cultivée qu'à titre de curiosité dans les jardins botaniques. Même au XVIIe siècle, elle n'était qu'exceptionnellement consommée et, pendant de longues années, elle constitua une rareté servie uniquement sur les tables des monastères et des palais royaux. Pour arriver jusqu'aux couches populaires, la pomme de terre a dû emprunter un itinéraire fort complexe. Il suffit de se souvenir de la «guerre des pommes de terre», au cours de laquelle sa culture fut imposée par la force. Par la suite, les faibles exigences culturales de la pomme de terre, sa tolérance à l'altitude, sa productivité et sa facilité de stockage ont fait que la pomme de terre a souvent permis d'éviter ou d'atténuer nombre de disettes, d'affections scorbutiques et d'autres avitaminoses. Il faut toutefois attendre la seconde moitié du XVIIIe siècle pour que les qualités de la pomme de terre soient reconnues en Europe où elle est de nos jours l'une des plus importantes plantes cultivées après les céréales. C'est au XVIIe siècle que la pomme de terre est introduite en Chine. Elle pénètre aux États-Unis en 1719, non depuis l'Amérique du Sud, mais en faisant un crochet par l'Europe et revenant sur le continent américain par l'intermédiaire des Irlandais. Au cours de son histoire, la pomme de terre a souvent été confondue avec la patate douce, d'où son nom anglais *potato* (à la différence de la patate douce, *sweet potato*). Les tubercules sont riches en amidon (13—20 %), en protéines facilement digestibles et en vitamine C. Ils contiennent une petite quantité de provitamine A et de vitamine B. Les pommes de terre constituent une culture industrielle de premier plan pour les amidonneries et les distilleries. Comme légume, on cultive surtout les variétés précoces de table.

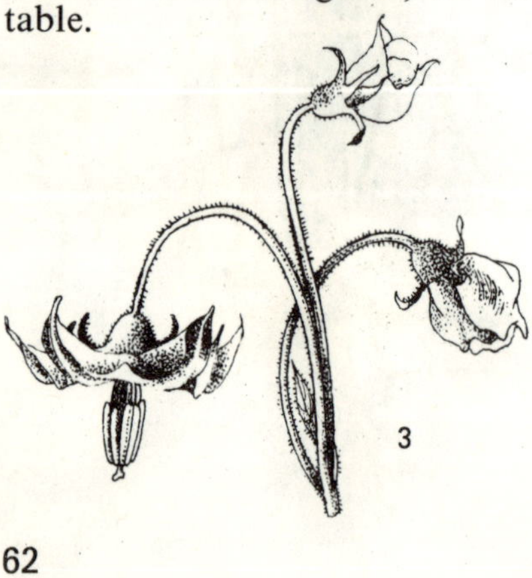

3

La plante forme une touffe donnant naissance à de fins rejets souterrains sur lesquels se forment les tubercules (1). Les feuilles sont imparipennées, les fleurs (3) en cymes unipares sont blanches, bleutées ou violacées, les fruits sont des baies sphériques. Certaines variétés ne fleurissent jamais ou portent des fleurs stériles. Toutes les parties de la plante contiennent une substance toxique, la solanine. Les baies en sont particulièrement chargées. Par contre, la proportion de solanine est très faible dans les tubercules, mais les tubercules verts ne doivent pas être consommés. La pomme de terre se cultive par plantation de «semences» (parties de tubercules ou petits tubercules) avec un écartement de 60 × 30 cm. La plante est très sensible au gel, ce qui influe sur l'époque de plantation et de récolte. Au cours de la période végétative, les pieds doivent être plusieurs fois buttés. Les variétés se différencient par leur caractère plus ou moins précoce par la forme et la couleur des tubercules et leur taux d'amidon. Les tubercules peuvent être arrondis, ovales, réniformes ou même en croissant, brun-jaune plus ou moins soutenu à roses. Les «semences» doivent être renouvelées tous les deux à quatre ans.

Topinambour

Helianthus tuberosus

Astéracées
Asteraceae

Le topinambour, proche parent du tournesol cultivé, est une plante d'origine sud-américaine. Son nom rappelle la tribu indienne Tupinambus. C'est le gouverneur du Canada Champlain qui, en 1603, découvrit le premier ce légume. Le topinambour pénètre en Angleterre dès 1616 et ne tarde pas à se répandre dans le reste de l'Europe. Il fait son entrée à Paris sous le nom d'artichaut du Canada, bien qu'il n'ait vraiment aucune parenté avec le véritable artichaut. Le topinambour est une plante très modeste : il prospère même dans des sols de mauvaise qualité, impropres à la culture d'autres végétaux. Comme il supporte très bien la sécheresse, il se plaît même dans les sols légers de montagne. Les tubercules peuvent rester en terre tout l'hiver sans le moindre dommage. La plante supporte aussi l'ombre et peut être cultivée en lisière de forêt. Elle peut rester en place de nombreuses années. La modestie du topinambour fait qu'il se naturalise quelquefois. On le cultive à la fois comme plante fourragère et comme légume. Ce sont les parties vertes, faciles à ensiler, ou encore les tubercules souterrains qui servent pour l'alimentation du bétail. Comme légume, on emploie uniquement les tubercules qui remplacent ou complètent les pommes de terre. Ils sont également source d'inuline et de fructose (sucre de fruits). Les variétés améliorées offrent un rendement de tubercules exceptionnellement élevé. Les topinambours peuvent être divisés en deux groupes : les variétés aux tubercules rouges, irréguliers, et de très fort rendement; les variétés aux tubercules blancs, de forme régulière, mais de rendement plus faible. Les tubercules supportent mal le stockage en cave ou en silo. On recommande de les laisser en terre et de les récolter selon les possibilités pendant l'hiver.

Le topinambour est une plante herbacée pérenne haute de 60—250 cm. Les tiges sont ramifiées, rugueuses, les feuilles grossièrement dentées, rugueuses sur les deux faces. La plante produit des tubercules portés par des rhizomes (1). Les capitules floraux mesurent 4—8 cm de diamètre. Ils sont isolés et dressés aux extrémités des rameaux (2). Les fleurs centrales tubuleuses sont jaunes et les fleurs périphériques ligulées sont soit jaune d'œuf chez les variétés à tubercules blancs (3), soit brun-jaune chez les types à tubercules rouges (4). La floiraison a lieu en août—octobre. Le fruit est un akène aux arêtes ciliées. Les tubercules sont plantés au début du printemps ou même en automne en lignes

3

2

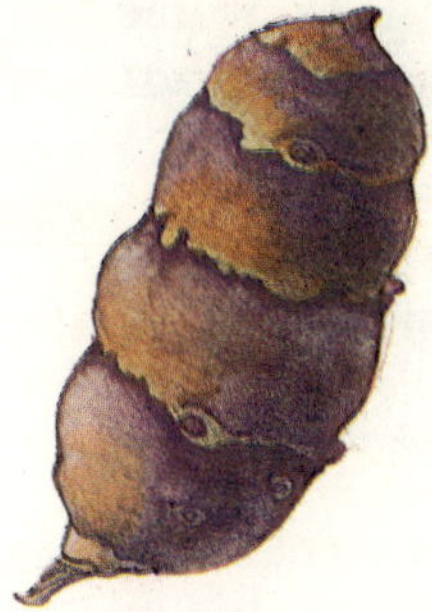

4

1

distantes de 40—60 cm, avec un écartement de 35—40 cm. La récolte a lieu d'octobre à avril. Les topinambours peuvent constituer au jardin un excellent brise-vent.*

* N.d.t. Mais attention, c'est une plante très envahissante et difficile à éliminer.

Patate douce Convolvulacées
Ipomoea batatas *Convolvulaceae*

La patate douce est une très ancienne plante culturale. On la trouve dans les zones tropicales et subtropicales de plusieurs continents et notamment en Amérique du Sud. Elle est originaire d'Amérique centrale et des régions septentrionales sud-américaines. On ne connaît pas de nos jours de patates douces sauvages. C'est aussi une plante depuis longtemps appréciée en Chine et au Japon où elle est encore fort répandue aujourd'hui. Elle fut introduite en Europe par Christophe Colomb, un bon siècle avant la pomme de terre, mais elle n'est cultivée en grande quantité qu'en Espagne. Elle prospère dans toutes les régions viticoles, même en Europe centrale. Sa chair est très nutritive. Elle contient une forte proportion d'amidon (9—15 %) et de sucres (6—7 %), ainsi que de la provitamine A (surtout chez les variétés à chair jaune). La plante entière, y compris les tubercules, est traversée par des laticifères contenant un suc amer. Cette amertume disparaît au lavage à l'eau et à la cuisson. Les tubercules se consomment comme les pommes de terre. Cuits au four ou bouillis, légèrement salés, ils ont un goût agréablement doux, d'où le nom de patate douce. Les patates douces constituent une importante matière première pour la fabrication de fécule, de farine et d'alcool. Dans certaines régions, les jeunes feuilles sont consommées en salade ou à la manière d'épinards. Les tubercules, comme les parties vertes, constituent un excellent aliment pour le bétail, d'autant plus que le rendement est ici fort élevé.

La plante est vivace, mais elle est le plus souvent cultivée comme annuelle, bisannuelle ou trisannuelle. Elle donne naissance à des tiges rampantes longues de 2—3 m, portant des feuilles pétiolées (1) et des fleurs rougeâtres ou violacées, rappelant celles du liseron (3). Le fruit est une capsule qui contient rarement des graines peu nombreuses. Les rejets racinaires se renflent en tubercules allongés (2), à la peau blanc-jaunâtre ou pourpre recouvrant une pulpe blanchâtre ou jaunâtre. Une touffe donne de 8 à 10 tubercules dont la masse totale atteint 2—5 kg. On récolte soit à l'automne tous les tubercules soit seulement les plus gros, progressivement et avec précaution, pendant les deux

à trois ans que dure la culture. La récolte doit se faire par temps sec, car ils s'abîment facilement. Le stockage hivernal se fait en cave. On plante le plus souvent des plants cultivés à partir de tubercules, à un écartement de 50 × 30 cm, mais on peut aussi planter le tubercule directement en place, comme pour la pomme de terre.

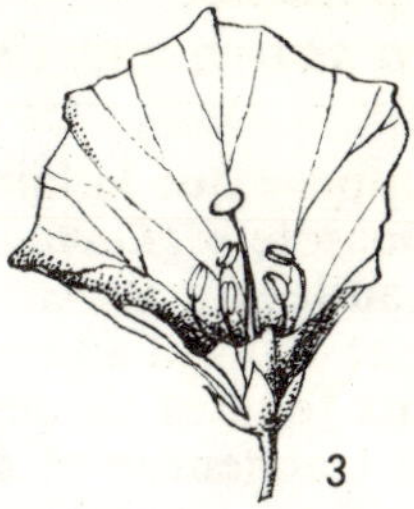

3

1

2

Laitue pommée Astéracées
Lactuca sativa var. *capitata* *Ateraceae*

On suppose que la laitue a pour ancêtre une espèce sauvage, la laitue « boussole » *(Lactuca serriola)* qui croît dans les régions relativement chaudes du Bassin méditerranéen, en Algérie, en Éthiopie, aux Antilles et dans d'autres régions du globe. C'est une plante bisannuelle aux feuilles rigides. Les laitues cultivées proviennent probablement du Cachemire et du Népal. La laitue pommée, telle qu'on la connaît aujourd'hui, n'est apparue que relativement tard, au XVIe siècle. Dès ce moment, existaient des formes diversement colorées : vert plus ou moins soutenu, feuilles panachées. La laitue était alors considérée comme médicinale. Dès le XVIIe siècle, la France connaît des variétés améliorées au feuillage jaune ou brun. La laitue est une espèce typique de climat tempéré. En tant que premier légume à avoir été forcé, elle présente également un intérêt historique. Ce forçage fut expérimenté en France sous Louis XIV. Les variétés actuelles se distinguent par la forme, la coloration et l'ondulation des feuilles, par la surface du limbe, la précocité et surtout par leur adaptation à l'époque et aux conditions culturales. On distingue donc des variétés qui se prêtent au forçage chaud ou froid, des variétes précoces, des variétes estivales ou automnales et d'autres encore que l'on peut cultiver sous abri de polyéthylène. Les laitues d'hiver constituent un groupe très intéressant car elles hivernent sans problème en plein sol dans les conditions tempérées centre-européennes et permettent ainsi une récolte printanière des plus précoces. La laitue est précieuse surtout par son taux de matières minérales, de vitamines et de sucs amers.

3

La laitue est une plante annuelle. Elle forme d'abord une rosette de feuilles puis, par la suite, une pomme globuleuse (1) composée de feuilles lisses, largement ovales, aux côtes bien développées. Les feuilles peuvent être cloquées ou ondulées, vert-jaune, ou plus ou moins brunes à pourprées. Si on ne la coupe pas avant, la pomme donne naissance à une hampe ramifiée, haute de 60 à 100 cm, feuillée (2) et portant de petits capitules de fleurs jaunes (3). La floraison a lieu en juillet—août. Le fruit est un akène allongé, doté d'un parachute. La plante laisse

2

sourdre un latex blanc contenant un suc amer, la lactucine. En faisant varier les conditions de culture, on peut obtenir des laitues pendant toute l'année. Les plants destinés au forçage ou à une culture de primeur seront d'abord élevés à l'abri ; dans les autres cas, on pourra semer directement en place, avec un écartement de 20 × 25 cm. La croissance est très rapide et les plantes montent facilement en graine en période de jours longs. La laitue supporte un gel modéré. Les laitues d'hiver seront semées au début d'août et récoltées au mois de mai de l'année suivante.

1

Laitue glaciale Astéracées
Lactuca sativa var. *capitata* nidus *jaggeri* *Asteraceae*

C'est la forme la plus jeune de laitue pommée. Elle a été créée aux États-Unis à la fin du siècle dernier à partir de la variété 'Napolitaine'. Le nom latin de ce groupe vient du sélectionneur américain J. C. Jagger. Quant à l'épithète glaciale et aux différents noms de variétés comme 'Iceberg', ils font allusion au fait que les feuilles présentent une surface brillante et comme vitreuse, comme si elles avaient été touchées par le gel. La laitue glaciale est surtout répandue aux États-Unis et notamment en Californie où elle est cultivée en beaucoup plus grandes quantités que la laitue pommée typique. Elle résiste bien à la chaleur. On la trouve également beaucoup en Europe méridionale, en Italie, en France, en Yougoslavie et dans le Sud de l'Autriche. Sa culture réussit très bien aussi en Europe occidentale et centrale où elle pénètre depuis quelques années. C'est une variété qui monte beaucoup moins facilement en graine en été que les autres laitues d'été. Elle se caractérise aussi par un haut rendement, un goût fin, un croquant agréable et une bonne résistance à la conservation. Elle supporte fort bien le transport et l'entreposage en chambres froides. Elle est même souvent exportée des États-Unis vers l'Europe. Aux États-Unis on cultive surtout des variétés à grosse pomme dense vert sombre, tandis qu'en Europe, les variétés vert clair (du type batavia), aux côtes moins marquées et à la pomme moins dense, sont les plus répandues.

3

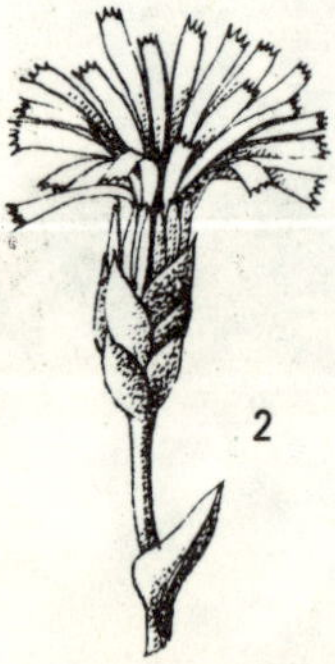
2

La laitue glaciale se distingue de la laitue pommée typique (laitue «beurre») surtout par ses feuilles brillantes aux côtes apparentes charnues et au bord ondulé (1). La pomme, plus grande, atteint jusqu'à 1 kg. La croissance est relativement rapide. L'aspect de la pomme fait plutôt penser à un petit chou. Les conditions climatiques européennes imposent un choix adéquat des variétés, de préférence celles à pomme bien fermée. La laitue glaciale se sème directement en place ou se repique lorsqu'on a pu élever les plants en pépinière de février à avril. L'écartement minimal doit être de 30 × 30 cm. La récolte a lieu de juillet à septembre, lorsque les autres laitues ont tendance à monter en graine. Même les feuilles extérieures lâches sont bonnes à consommer; malgré leur aspect coriace, elles sont, en réalité, tendres et croquantes. La récolte doit se faire sitôt la maturité des pommes qui ont autrement tendance à pourrir de l'intérieur. Les fleurs (2) et les fruits (3) sont les mêmes que chez les autres laitues.

1

Laitue à couper — Astéracées
Lactuca sativa var. *crispa* — *Asteraceae*

A côté de la laitue pommée et de la romaine, on cultive très souvent la laitue à couper. Il s'agit d'une variété qui ne forme pas de pomme, mais une touffe de feuilles libres, de la finesse des feuilles de cœur d'une laitue ordinaire. Les formes frisées étaient déjà cultivées dans l'empire persan d'où elles ont pénétré au VIe siècle avant J.-C., en Grèce puis à Rome. Leur grand avantage est leur courte période végétative : elles peuvent être coupées dès 6 semaines après le semis. Les variétés se distinguent les unes des autres par la forme, l'ondulation et la coloration du feuillage. Elles sont surtout appréciées aux États-Unis et en Europe occidentale. Les variétés *crispa* forment un court pivot central portant une grande quantité de feuilles frisées, de grande taille, vertes, flavescentes ou brunes. On les récolte le plus souvent une à une à partir de la base. On apprécie sans doute encore plus les variétés *secalina,* qui forment une rosette de 10 à 15 feuilles. Leur développement rapide s'effectue en 4—6 semaines avant la montée en graine. On récolte les rosettes entières.

A côté de ces laitues à couper, il existe également une variété *angustana.* Elle se caractérise par des tiges centrales longues et très épaisses qui constituent la partie utile. Ces tiges effeuillées se vendent en paquets sur les marchés et se préparent comme les asperges ou sont conservées au sol. Cette variété est surtout connue en Orient.

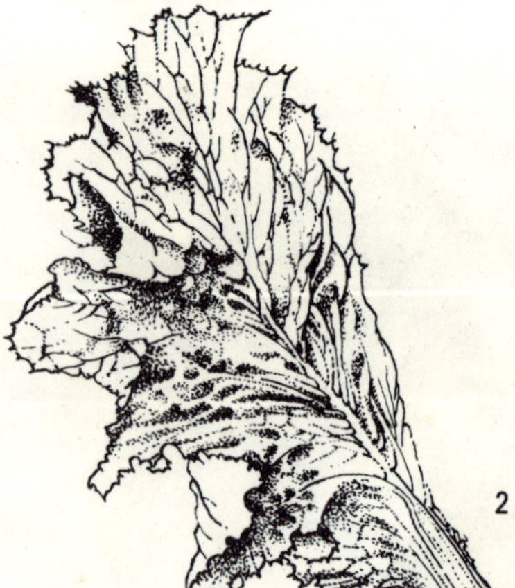
2

La laitue à couper est une plante annuelle. Elle forme une rosette de feuilles libres (1) ou une tige basse densément feuillée; les feuilles sont plus ou moins ondulées (2), jaunes, brunes ou rouges. La hampe florale ne se distingue en rien de celle de la laitue pommée. La laitue à couper offre de vastes possibilités culturales, tant du point de vue du milieu que de la saison. Elle peut être hâtée en hiver sous serre, au printemps sous châssis ou sous abri plastique et récoltée au bout de quatre semaines (on coupe les feuilles au couteau). En pleine terre, la culture peut commencer dans la seconde moitié de mars. On la sème le plus souvent directement en place, sans repiquer. Le semis doit être assez dense, avec un écartement de 15 × 15 cm entre les pieds, de manière à profiter le plus possible de la surface disponible et à obtenir des feuilles tendres.

La variété *angustana* (3) se cultive comme la laitue pommée estivale, et se récolte surtout en été et à l'automne.

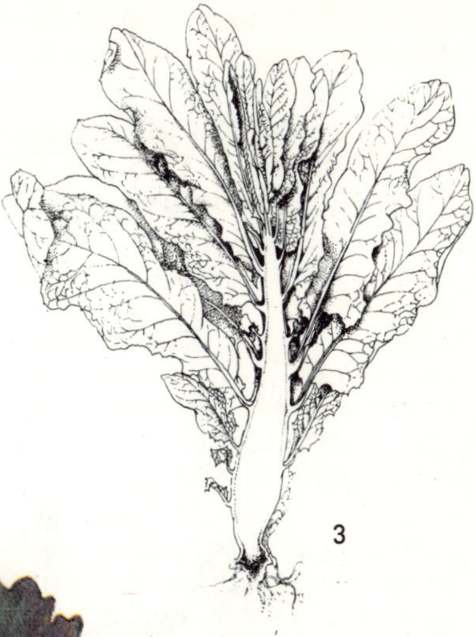

3

1

Romaine Astéracées
Lactuca sativa var. *longifolia* *Asteraceae*

La romaine est quelquefois appelée à tort « endive d'été ». C'est probablement la plus ancienne des laitues. Elle était déjà cultivée comme légume dans l'Égypte ancienne où c'était d'ailleurs l'une des cultures légumières les plus importantes. Les plus anciennes représentations de laitues datant de cette époque ressemblent justement à notre romaine. De nos jours, c'est une laitue appréciée surtout dans les pays méridionaux, notamment en Italie, car elle monte moins facilement en graine à la belle saison que la laitue pommée. Ses possibilités culturales sont très étendues. En Europe du Sud, la romaine est cultivée comme laitue d'été, hâtée ou au contraire destinée à une récolte d'automne ou d'hiver. Elle est surtout consommée crue, quelquefois aussi accommodée à chaud comme les épinards. Il en existe une forme à pivot central épaissi, d'un vert laiteux, qui est destinée uniquement à la cuisson. Comme elle contient une plus forte quantité de lactucine, amère, que les autres laitues, elle doit être blanchie, en la nouant avec du raphia, pour en affiner le goût. La romaine est une laitue très appétissante une fois qu'on s'est habitué à son amertume qui peut d'ailleurs être adoucie par un assaisonnement à l'huile d'olive, comme il est courant de le faire en Europe méridionale. Elle présente l'avantage de pouvoir être conservée assez longtemps au frais.

La romaine se distingue de la laitue pommée par sa tête allongée, fuselée et assez peu compacte (1). La pomme atteint jusqu'à 45 cm de hauteur et peut peser jusqu'à 3 kg. Chez certaines variétés la pomme n'est pas totalement resserrée. Les feuilles sont allongées, avec une côte centrale saillante, recouvertes d'une mince enveloppe cireuse. Elles sont le plus souvent vert sombre, parfois vert clair ou bordées de rouge. La romaine se cultive de la même manière que la laitue pommée d'été, mais doit être plantée à 35 × 35 cm d'écartement. Sa croissance rapide permet de récolter trois mois après le semis et la récolte est de 30 % supérieure à la production de la laitue pommée. La romaine monte aussi moins facilement en graine pendant les jours longs d'été. Les fruits sont des akènes à aigrette (2, 3) semblables à ceux des autres laitues.

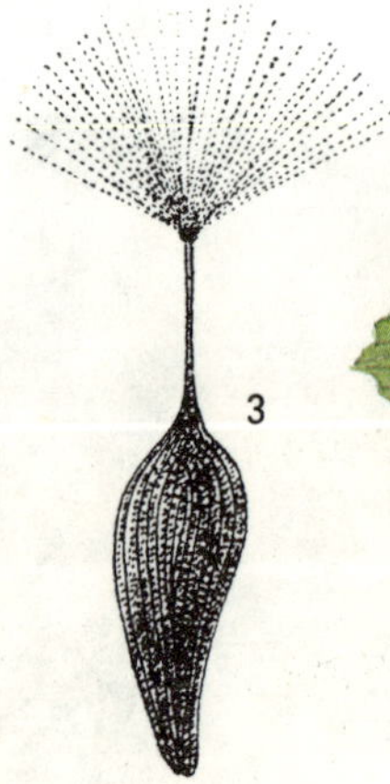
3

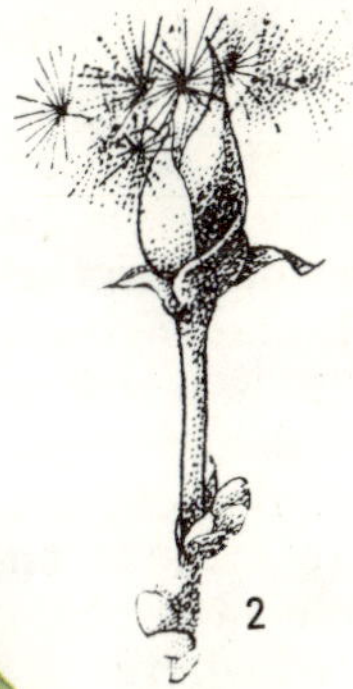
2

1

Chicorée scarole, chicorée frisée — Astéracées
Cichorium endivia — *Asteraceae*

Scarole et frisée ont sans doute pour ancêtre commun l'espèce sauvage *Cichorium pumilum* que l'on trouve à l'état spontané dans les régions méditerranéennes d'Europe, d'Afrique et d'Asie. Les Grecs et les Romains connaissaient selon toute vraisemblance et la forme sauvage et la forme améliorée. Ils les consommaient crues, cuites ou encore marinées. Au Moyen Age, les pays d'Europe en connaissaient non seulement la culture, mais aussi l'étiolement. De nos jours, on les cultive surtout en Europe méridionale et occidentale. La scarole, comme la frisée, est cousine de l'endive, mais leur aspect rappelle plutôt la laitue à couper. On distingue deux variétés, les frisées ou chicorées d'été (var. *crispum*, ill. 2) et les scaroles ou escarioles, dites aussi chicorées d'hiver (var. *latifolium*, ill. 1). Les frisées ont des feuilles minces, richement découpées, vert clair ou foncé, tendres. Elles se prêtent à la culture estivale avec une récolte en automne. Les scaroles ont des feuilles plus solides, entières ou très légèrement découpées. Elles se récoltent en hiver, car elles sont plus dures et résistent à la pourriture. Les variétés de ce groupe doivent être blanchies pour les attendrir et en chasser partiellement l'amertume. Pour les pays du centre de l'Europe, les scaroles présentent plus d'intérêt que les frisées, car on les récolte en hiver au moment de Noël.* Elles contiennent de la vitamine C, des substances minérales et des sucs amers, surtout du glucoside intybine, également présent chez l'endive. Les deux groupes se consomment surtout en salade crue.

* N.d.t. : en France, frisée comme scarole sont disponibles pendant tout l'hiver.

La chicorée scarole est une plante annuelle, relativement exigeante pour ce qui est de la richesse du sol et de l'humidité. Elle forme une rosette foliacée au cœur partiellement enroulé. Au moment de la floraison, la plante atteint environ 130 cm de hauteur (3) et ressemble alors à la chicorée sauvage. Il en va de même pour le fruit. On sème en place (de mars à juillet) ou on repique les jeunes plants à une distance de 40 × 30 cm. Un semis en juillet permet une récolte d'automne et d'hiver, saison à laquelle on couvre les pieds pour les protéger des gelées fortes. La scarole doit subir un blanchissement avant la consommation : deux à trois semaines avant la récolte on peut soit attacher ensemble toutes les feuilles d'une plante laissée en place, ou sortir les plantes de terre et les placer, couvertes, sous châssis ou en cave. Dans ce cas, on tourne la plante les racines vers le haut et on évite d'arroser pendant l'étiolement.

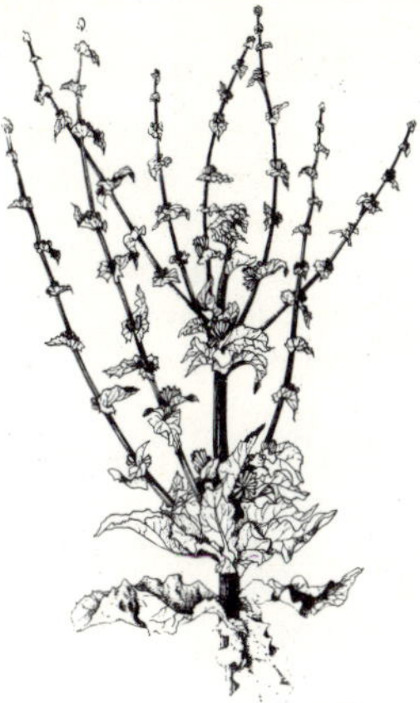

3

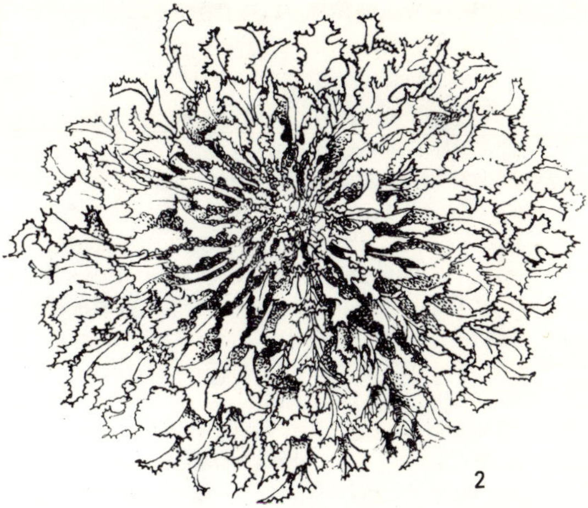

2

1

Chicorée witloof, endive Astéracées
Chichorium intybus var. *foliosum* *Asteraceae*

L'endive a pour ancêtre la chicorée sauvage (var. *silvestris*), plante vivace à la racine mince, qui croît dans toute l'Europe, en Afrique du Nord et jusqu'au lac Baïkal en passant par l'Afghanistan et la Sibérie. Grecs et Romains connaissaient déjà des formes d'endive cultivée; par contre, la culture de la chicorée à café (var. *sativum*) ne commença que bien plus tard. Cette dernière variété était destinée à la fois à la fabrication de succédanés de café et à l'obtention industrielle de l'inuline, polysaccharide remplaçant le sucre. Presque tous les noms européens courants de la chicorée dérivent du nom scientifique *Cichorium.* La forme foliacée (2) aux feuilles jaunes, rosées ou violacées se cultive pendant toute la saison végétative, mais la chicorée witloof (1) est surtout cultivée pour le forçage hivernal. Elle est surtout appréciée en Europe occidentale, en France et en Belgique où on cultive les variétés améliorées depuis au moins cent vingt ans. L'endive a un goût fin, légèrement amer. Elle se trouve sur les marchés, au moment où le manque de légumes se fait fortement sentir. Les feuilles contiennent de la vitamine C et un glucoside, l'intybine, qui leur donne leur goût typique. Le forçage ne demande pas un grand équipement : il s'exécute à l'obscurité, sur une surface réduite et à une température relativement basse, de 12 à 16 °C. Depuis quelques années, la culture hydroponique en étages superposés a fait de l'endive un légume de culture industrielle.

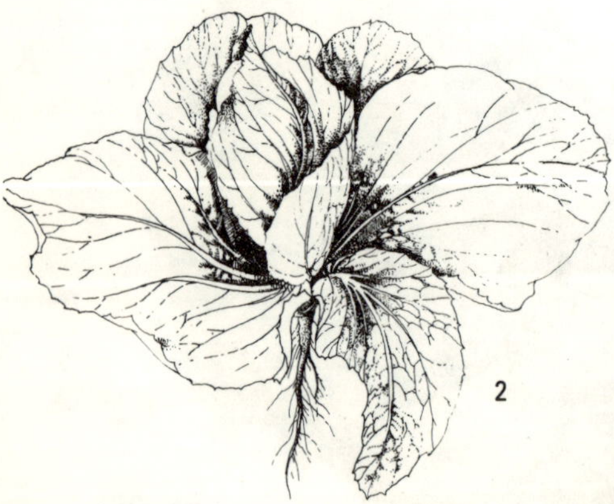
2

L'endive est une plante bisanuelle. La première année, se forme une rosette de feuilles allongées, lisses, légèrement ondulées et une racine conique charnue. La seconde année, apparaît la hampe florale, ramifiée, lâchement feuillée, qui atteint 1 m de hauteur (3) et porte des capitules bleus (4). Le fruit est semblable à celui de la scarole. Lorsqu'on veut pratiquer le forçage, on sème en place en mai et on cultive tout d'abord les racines avec un écartement de 10 × 30—40 cm. Celles-ci sont récoltées vers la fin de l'automne. Les parties vertes sont coupées avec précaution 2—3 cm au-dessus du sommet de la racine, en veillant à ne pas endommager le bourgeon central. La partie utile est

1

3

4

le chicon blanchi, sans chlorophylle obtenu par forçage à l'obscurité. Dans une caisse placée à la cave ou sous la banquette de la serre, on dispose les racines les unes contre les autres et on les recouvre de 20 cm de terre. Les chicons se développent en 4—5 semaines. Quand ils commencent à pointer, on écarte la terre et on les coupe à la racine, avec leur assise pour les garder bien entières. Pour avoir des chicons de bonne qualité, il faut que les racines ne soient ni fines ni ramifiées. Les endives sont un légume tendre et fin. Il faut les manipuler délicatement, car les parties meurtries ont tendance à brunir. Les types foliacés se cultivent comme la scarole avec un écartement de 30 × 30 cm.

Pissenlit, dent-de-lion Astéracées
Taraxacum officinale *Asteraceae*

Le pissenlit est une plante bien connue, croissant communément dans les prés, les friches, au bord des chemins de la plaine jusqu'en montagne. C'est une plante très variable du point de vue morphologique et une adventice aussi ancienne qu'omniprésente dans nos pays. Sa culture comme légume remonte à 1613 et se pratique surtout en France. On peut aussi récolter les feuilles des pissentlits sauvages, mais les variétés améliorées sont à la fois beaucoup plus fines et plus productives, avec leurs grandes feuilles légèrement ondulées, dessinant presque une pomme. Leur croissance rapide permet une récolte précoce. Le pissenlit se consomme blanchi comme l'endive, mais dans les pays où il est particulièrement apprécié on consomme aussi les feuilles vertes. On les prépare en salade ou on les fait cuire comme des épinards. Parfois, on consomme même les racines. Plus le cœur est jeune, plus il est fin et tendre. Pour avoir des feuilles luxuriantes, il faut cultiver le pissenlit dans un sol riche. Le blanchiment fait perdre aux feuilles leur amertume et leur donne un goût délicat. On fait comme pour la scarole, en liant les feuilles ensemble et en les recouvrant de 20—25 cm de terre, de sable, de feuilles, de paille, etc., ou même en couvrant les pieds individuels par exemple avec un pot de fleurs. Le pissenlit est une précieuse salade hivernale, car il se prête aisément au forçage en cave. A l'automne, on sort les racines de terre, on les place dans du sable et on les force progressivement au cours de l'hiver. On peut même reprendre les pieds qui ont d'abord été étiolés en place, mais les parties vertes ne doivent pas être endommagées.

La plante est vivace. Les feuilles minces, ondulées, sont groupées en une riche rosette. La racine est charnue, conique, allongée. Les feuilles subovales à lancéolées sont profondément et irrégulièrement lobées (2), parfois entières. Chaque pied produit plusieurs

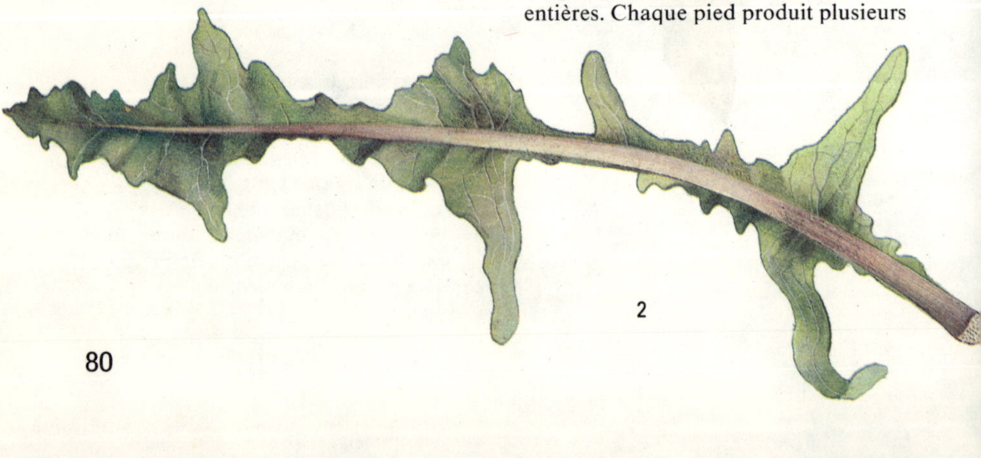

2

hampes creuses, hautes, terminées par un capitule de fleurs jaune soutenu (1). Le fruit est un akène brun, allongé, terminé par un bec et surmonté par une aigrette blanche. La floraison a lieu d'avril à juillet. On sème de mars à avril

1

directement en place ou on plante des plants préparés en pépinière. Les formes améliorées à grandes feuilles se cultivent avec un écartement de 60 × 80 cm. La récolte se fait la même année. On peut aussi semer en août et ne récolter que l'année suivante, lorsque les feuilles ont atteint leur plus grand développement.

Chou de Pékin
Brassica pekinensis

Brassicacées
Brassicaceae

Le chou de Pékin et le chou chinois (voir page suivante) sont deux espèces botaniques distinctes, toutes deux originaires d'Extrême-Orient. Le chou de Pékin, souvent appelé à tort en Europe chou de Chine, a pour patrie le Nord de la Chine et le Japon. Cultivé dans la grande région de Pékin, il en tire aussi son nom. En Chine, c'est l'un des plus anciens légumes connus et une denrée de base, beaucoup plus importante que le chou cabus dans nos pays. Son nom chinois est *ta-paï-tsaï* et il est consommé aussi bien cru que cuit et fermenté. Le chou de Pékin n'est parvenu qu'assez tard dans les autres pays du monde, en passant sans doute par le Sud du Vietnam aux alentours de 1760. En Europe, c'est d'abord en France qu'il a été apprécié, comme légume de luxe, au début du XIXe siècle. Il était alors cultivé dans notre pays sous le nom encore employé de nos jours de *pe-tsaï*. Malgré ses excellentes qualités gustatives et sa courte durée végétative, avantageuse pour le cultivateur, le chou de Pékin ne s'est pas encore trop répandu ni en Europe ni en Amérique du Nord. On a de nouveau tenté d'introduire dernièrement sa culture dans plusieurs pays d'Europe sous le nom de salade pékinoise. L'espèce, originaire de la zone des moussons, demande des conditions thermiques et hygrométriques équilibrées. Les températures basses, les jours longs et la sécheresse induisent une montée précoce en graine. En Extrême-Orient, on cultive également des variétés qui peuvent être stockées pendant toute la durée de l'hiver.

C'est une plante annuelle. Au cours de la même année, on voit donc se former une rosette de feuilles aux larges pétioles charnus, entourant une pomme centrale (1), puis une inflorescence (4) de fleurs jaunes, semblables à celles des autres choux. Les feuilles de la pomme sont vert pâle, dépourvues de pruine et la pomme peut atteindre jusqu'à plusieurs kilos. Elle peut être fuselée et allongée (2) ou courte et anguleuse (3). La croissance est très rapide, les pommes se forment 2—3 mois après le semis. On sème directement en place, en poquets distants de 30 × 30 cm et on éclaircit par la suite. Le chou de Pékin est une plante de jours longs. On aura donc soin de le semer soit très tôt (en février) en serre, soit dehors dans la deuxième moitié de juillet. Sinon il monte en graine sans pommer. Seules des variétés testées et adaptées à nos climats peuvent être cultivées en Europe. La pomme est tendre et croquante et on la consomme surtout en salade, qui vient à point d'octobre à février lorsque les autres salades se font rares. Les pommes mûres peuvent être conservées plusieurs semaines.

2
3
1
4

Chou chinois Brassicacées
Brassica chinensis *Brassicaceae*

Originaire d'Extrême-Orient, le chou chinois était peu connu et peu cultivé jusqu'à une époque récente en dehors de sa patrie. En effet, ses feuilles libres ont un goût plus prononcé que l'excellent chou de Pékin (voir page précédente) et correspondent moins bien aux goûts européens. Cependant, depuis quelques années, l'Europe s'intéresse aussi à cette espèce surtout parce qu'elle peut être facilement forcée au printemps grâce à ses faibles exigences thermiques. En Chine, ce chou reçoit le nom de *paï-tsaï* ou de *chin-tsaï*. Il se distingue de l'espèce précédente surtout par le fait qu'il ne forme pas de pomme. Il est surtout cultivé dans les parties méridionales de la Chine, où sa durée de végétation est particulièrement courte, de l'ordre de 1 à 2 mois. Le chou chinois est un proche parent de la navette et du chou-navet (on l'appelle quelquefois *Brassica napus* var. *chinensis*) et s'hybride facilement avec ces deux espèces. Sa valeur diététique est donnée par la présence de protéines et de vitamines (A, B, C, E) en proportions équilibrées. On le consomme surtout cru en salade, mais aussi fermenté, bouilli ou braisé.

2

Le chou chinois est une plante annuelle, formant une rosette de feuilles libres aux pétioles plus ou moins charnus (1). La floraison survient sans formation de pomme. Les sujets sont entièrement glabres et le limbe foliaire est relativement ferme, d'un vert brillant, décurrent vers le pétiole. La racine est souvent épaissie, de forme conique. On consomme les feuilles et les pétioles blancs, charnus, incurvés, longs de 25 à 50 cm, larges de 10 à 25 cm. Les feuilles sont d'un vert plus sombre que celles du chou de Pékin. Ici aussi, nous avons

1

à faire à une plante typique de jours longs; en jours courts, elle forme une riche rosette de feuilles, en jours longs, elle ne tarde pas à fleurir. En zone tempérée, semée un peu tard alors que les jours s'allongent en été, la plante fleurit au dépens de la formation du feuillage. L'inflorescence est branchue, les fleurs inférieures dépassent les boutons. Les siliques (2, 3) ont un long bec aigu. On cultive le chou chinois par semis en place (en juillet) avec un écartement de 30 × 40 cm. C'est une bonne espèce pour le forçage printanier.

3

Moutarde de Chine, moutarde de Sarepta — Brassicacées
Sinapis chinensis — *Brassicaceae*

Originaire du Tibet méridional et des régions limitrophes de l'Inde et de la Chine, la moutarde de Chine est surtout cultivée en Asie orientale, mais aussi sur de vastes territoires d'Ukraine jusqu'en Sibérie occidentale, du Proche-Orient jusqu'au Japon et en Afrique du Nord. La domestication de cette plante s'est faite simplement en cultivant les formes sauvages, comme en témoigne le fort taux de chute des graines des siliques, phénomène typique chez les plantes spontanées. La moutarde de Chine connaît un grand nombre d'emplois. La principale partie utilisée est le limbe foliaire et le pétiole épaissi, mais on consomme aussi les hampes florales et les racines charnues. Crus, on en fait des salades, mais on peut aussi les faire cuire, les conserver dans une marinade au soja ou simplement dans le sel. Les feuilles sont riches en vitamine C (400 mg pour 100 g de matière fraîche). Sèches et moulues, elles sont employées comme aromates. La moutarde de Chine a des propriétés diététiques et médicinales, elle stimule l'appétit et possède des vertus bactéricides. On emploie également sa graine de couleur brune. Dans les pays d'Asie orientale, on la moud pour en faire une moutarde de table analogue à notre moutarde blanche. Les moutardes dites russes se font exclusivement avec la moutarde de Chine. Le goût piquant est dû à une huile essentielle, le sénevol et à une essence volatile. La graine contient une forte proportion d'huile — jusqu'à 35 % . Elle est parfois vendue sous le nom erroné de chou de Chine.

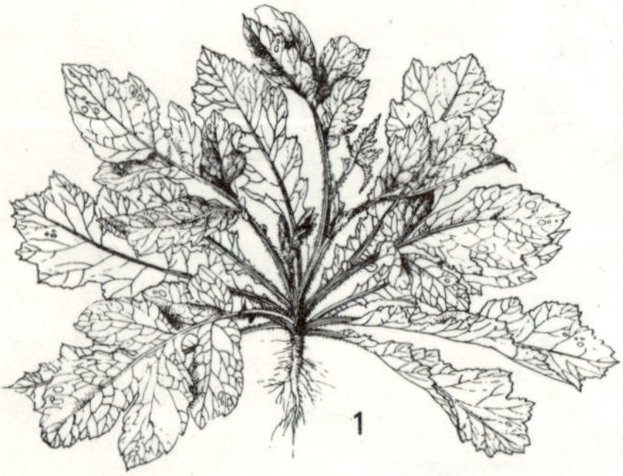
1

C'est une plante annuelle. Les feuilles d'un vert plus ou moins foncé, lisses ou légèrement ondulées, forment une riche rosette terrestre (1). A la floraison, la plante atteint environ 50 cm de hauteur. Les fleurs sont jaunes (2, 3). Les graines se forment dans des siliques. C'est une plante typique de jours longs, ce qui signifie que les rosettes les plus intéressantes sont celles produites par des plantes semées très tôt en période de jours courts. Semée en été, en période de

3

jours longs, elle monte rapidement à fleur sans former de rosette. La moutarde de Chine demande une bonne humidité. On la sème directement en place et les plantes sont éclaircies à un écartement de 20 × 20 cm. En Asie du Sud-Est, on cultive plusieurs variétés qui se distinguent par l'ondulation de la feuille, l'épaisseur du pétiole, le goût plus ou moins piquant et l'épaisseur de la racine. La forme à racines produit des racines qui peuvent atteindre juqu'à 1 kg.

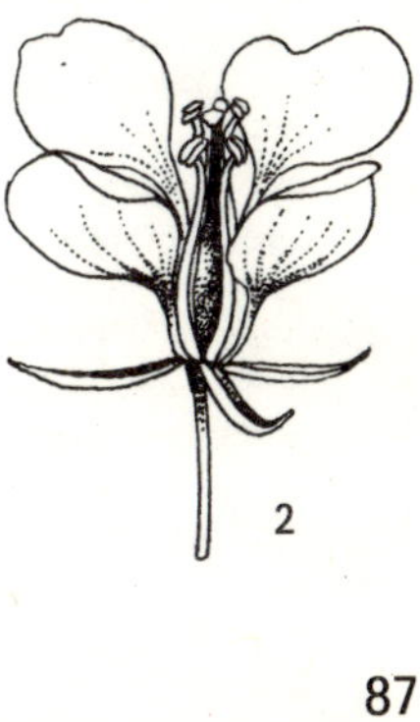

2

Cresson de fontaine — Brassicacées
Nasturtium officinale — *Brassicaceae*

Le cresson est une plante aquatique voisine de la cardamine. Originaire d'Europe, il s'est naturalisé dans le monde entier. On le trouve à l'état sauvage au voisinage des sources et des ruisseaux de la plaine jusqu'en zone montagneuse. Il était déjà connu des Romains. Au Moyen Age, il était cultivé surtout en France et en Allemagne. De nos jours, le cresson est surtout apprécié en Scandinavie où on le consomme sous forme de salade piquante. Les feuilles sont riches en provitamine A et en vitamines B et C. Elles contiennent du sénevol, ce qui leur donne une agréable amertume. Le cresson de fontaine est aussi une source précieuse d'iode et un excellent adjuvant dans le traitement des affections urinaires et hépatiques. On consomme les jeunes pousses et les feuilles qui ont un goût analogue au raifort. On peut les manger en salade ou, hachées menu, en saupoudrer des fromages, pommes de terre, omelettes, œufs, etc. On les emploie aussi pour relever le goût de potages, de poissons ou de pâtes à tartiner diverses. L'intérêt du cresson est qu'on le récolte en hiver, d'octobre à mai, où on manque par ailleurs de légumes frais. Les pousses se conservent aisément après récolte, dans de l'eau au frais, ou additionnées de glace. En Europe, ou cultive également l'espèce *N. macrophyllum.*

Le cresson de fontaine est une plante pérenne, haute de 80 cm, fortement rejetante. Les tiges sont anguleuses, glabres, creuses, couchées et ascendantes. Les feuilles sont lobées, faiblement charnues. Les petites fleurs blanches, disposées en grappes, fleurissent en mai à septembre. Le fruit est une silicule allongée, perpendiculaire à la tige. Le cresson se cultive en eau courante, absolument pure, au courant lent et à une profondeur ne dépassant pas 10—40 cm. La température idéale est de 12 °C. Une vanne régule l'arrivée constante d'eau pure dans la cressonnière. La culture se fait à partir de graines, mais il est plus avantageux, lorsqu'on l'étend ou qu'on la renouvelle, de repiquer en août des pousses racinées, les rejets du cresson s'enracinant facilement. Après plantation dans un fossé sec ou une cressonnière vidée de son eau, on inonde à nouveau en recouvrant les plants d'une mince couche d'eau (2 cm). Une fois la culture bien enracinée, on remonte progressivement le niveau de l'eau. On récolte les rejets longs de 6—8 cm, au moment où ils atteignent la surface. Les feuilles qui dépassent à l'air libre sont trop dures et il faut donc veiller à les enfoncer dans l'eau. En hiver, la récolte peut se faire toutes les sept semaines et, par temps doux, toutes les 3—4 semaines. La culture est généralement renouvelée tous les ans. Le cresson peut se cultiver même à l'ombre, sur une couche inondée; dans ce cas, la récolte a lieu en été et les rejets feuillés sont moins tendres.

Cresson alénois Brassicacées
Lepidium sativum *Brassicaceae*

Le cresson alénois est originaire d'Orient. Sa forme naturelle est distribuée à l'est de l'Afrique du Nord (Égypte, Éthiopie) et en Asie du Sud-Est (d'Israël et de la péninsule arabique jusqu'au Tibet). Il était déjà cultivé dans l'Égypte ancienne, en Grèce et à Rome, d'où il s'est disséminé en Europe. Il se naturalise souvent dans les décharges. Le nom latin vient du grec *lepis,* silique. Dans certains pays, par exemple au Danemark, il est cultivé depuis toujours à des fins commerciales. Dans la plupart des autres pays européens, la culture du cresson alénois ne s'est répandue qu'après la Deuxième Guerre mondiale. Le cresson alénois a l'avantage de pouvoir être récolté au plus profond de l'hiver où l'on ne dispose pas d'autres salades. Il a une durée végétative très courte et peut être cultivé même si on ne dispose pas d'un jardin : en caissette, en pot, ou dans n'importe quel récipient peu profond. On consomme les feuilles, riches en vitamine C et en sucs amers qui stimulent l'appétit. Les feuilles sont employées uniquement crues, finement hachées, sur les tartines de pain et de beurre, les canapés, dans les salades, sur la viande ou le fromage. Les variétés améliorées se distinguent entre elles par l'ondulation de leur feuillage et par leur coloration.

4

C'est une plante annuelle, haute de 30—60 cm. Les feuilles sont glabres, couvertes d'une pruine gris-bleu (1). Les feuilles cotylédonaires ont une forme tripartite typique (3). La floraison a lieu en juin—juillet : les fleurs (4), blanches à rosées, sont disposées en grappes. Les fruits sont des silicules. La culture se fait toujours par semis direct. Le cresson alénois pousse partout, même à mi-ombre, à condition de disposer d'une humidité suffisante. On le sème soit en place en lignes distantes de 10—15 cm ou à la volée. Le semis en caissettes, en pots, en serre, sur couche ou sous abri plastique permet un bon forçage, qui commence même à une température de 5 °C. Au moment de la récolte, on coupe la plante entière, haute d'environ 6 cm (2). Comme c'est une plante qui pousse facilement et a tendance à monter vite à fleur, on pratique des semis échelonnés à quinze jours d'intervalle. L'ombre et l'humidité retardent la floraison et les parties vertes sont mieux développées. En hiver ou au tout début du printemps, on peut semer le cresson alénois très dense dans un bol peu profond garni de coton humide qu'il ne faut pas laisser sécher. Deux semaines plus tard (en hiver), ou même au bout d'une semaine (au printemps), on récolte les jeunes pousses en les coupant aux ciseaux, au stade de deux feuilles vraies. Les feuilles récoltées se conservent plusieurs jours en hiver, deux jours seulement en été.

2
3
1

Roquette Brassicacées
Eruca sativa *Brassicaceae*

La roquette est originaire d'Europe méridionale et d'Asie occidentale, mais elle est naturalisée sur une aire allant de l'Europe centrale jusqu'au Turkestan en traversant l'Espagne, le Maroc et l'Asie Mineure. La roquette est une des plus anciennes plantes cultivées. Les Romains connaissaient déjà son parfum et son goût spécifiques. Elle était également appréciée au Moyen Age. Actuellement, la roquette est surtout cultivée en France, en Italie et en Égypte. On récolte les feuilles, seulement à l'état jeune et on les consomme en salade: elles ont un goût agréable, légèrement amer et possèdent d'excellentes vertus diététiques. La roquette peut aussi être ajoutée à d'autres salades vertes. Hachée menu, elle sert à accommoder les pommes de terre, la viande, les canapés et les fromages. La graine de roquette contient jusqu'à 30 % d'huile et elle est cultivée dans certains pays comme plante oléagineuse. Ailleurs, en Iran, en Inde, en Grèce, en Espagne et dans le Sud de la France, on en fait une moutarde très forte.

3

La roquette est une plante annuelle, haute d'une cinquantaine de centimètres. De besoins modestes, elle se plaît même en terrain pauvre. On la sème directement en place, d'avril à septembre, en poquets distants de 40 × 40 cm et on éclaircit par la suite. On peut également planter des jeunes plants élevés en pépinière. La croissance est très rapide. La roquette forme une rosette de feuilles glabres ou

lâchement velues, pennatifides, lyrées, aux bords dentés (1). La floraison a lieu en juin—juillet, les fleurs sont jaune clair, veinées de violet (2, 3). Elles sont plus grandes que chez les autres espèces de la famille. Les fruits sont des siliques longues de 2—3 cm, portées par un court pédoncule et terminées par un bec ensiforme. Les graines sont brunes, menues, lisses.

2

1

Céleri à côtes
Apium graveolens var. *dulce*

Apiacées
Apiaceae

Le céleri à côtes est le plus proche parent du céleri-rave et du céleri à couper. Lui aussi descend de la variété sauvage et fort répandue *A. graveolens* var. *silvestre,* que l'on trouve encore de nos jours sur les sols marécageux des littoraux marins, au voisinage de marais salants d'Europe, de la Suède jusqu'à la Méditerranée, mais aussi en Asie, en Afrique du Nord et en Amérique du Nord. Le céleri à côtes cultivé était déjà connu des Égyptiens, des Grecs et des Romains de l'Antiquité. Les feuilles et les tiges fortement aromatiques étaient employées dans les cérémonies funéraires, sans doute pour masquer l'odeur des cadavres. Au Moyen Age, le céleri à côtes était encore utilisé pour ses vertus médicinales. Sa culture a vraisemblablement commencé dans le Bassin méditerranéen et il n'a pénétré en Europe centrale qu'aux XVIIe et XVIIIe siècles. De nos jours, on le rencontre surtout en Europe occidentale et en Amérique du Nord où on cultive, par contre, rarement le céleri-rave. Les pétioles comestibles servent surtout à la préparation de salades, mais peuvent aussi être consommés cuits, ou servir à l'extraction de jus. Les graines moulues servent d'aromate.

Le céleri à couper var. *secalinum* (2) se caractérise par sa petite racine et ses nombreuses branches fines et aromatiques. Il peut être facilement hâté en hiver dans des pots ou des caissettes.

2

Le céleri à côtes est une plante bisannuelle. Dans sa première année, il forme une rosette de feuilles et une racine légèrement charnue; dans la seconde, il donne des fleurs et fructifie. La culture répond aux mêmes exigences que les autres céleris. La partie utile du céleri à côtes est constituée par les pétioles épaissis, tendres et croquants. On peut encore distinguer deux groupes de variétés: les formes vertes et les formes dorées (1). Les formes vertes doivent être étiolées ou blanchies, opération qui contribue à en attendrir la texture et à en adoucir le goût. Voici comment on procède: on plante tout d'abord les sujets en tranchées à une distance de 30—40 cm les uns des autres puis, au cours de la végétation, on butte les pétioles à plusieurs reprises en ramenant la terre sur les pieds. On peut aussi lier les feuilles ensemble et les entourer à la base par exemple de paille. Les variétés

dorées qui conservent leur finesse même sans buttage dispensent de ces opérations. La récolte se fait progressivement de septembre à novembre.
Chez le céleri à couper, on utilise toute la tige feuillée. La première année, on élève les plants en caissette, puis on les installe en pleine terre avec un écartement de 30 × 40 cm. A l'automne, on déterre les pieds avec leurs racines, on les stocke, puis on les plante en pots pour assurer une production hivernale de tiges feuillées.

1

Persil frisé Apiacées
Petroselinum crispum var. *foliosum* *Apiaceae*

Les persils les plus anciennement cultivés sont justement les persils foliacés. Dans la Grèce antique, la feuille de persil était le symbole sacré de la joie et ornait à ce titre la tête des rois dans les cérémonies festives. Ses nombreux emplois font du persil la plus utilisée des plantes aromatiques et culinaires actuelles. Le persil sert à décorer les potages, les salades et de nombreux autres mets chauds et froids, auxquels il ajoute son goût subtil. Les tiges feuillées contiennent un taux exceptionnel de vitamine C (80—300 mg pour 100 g de matière fraîche), ce qui en fait de ce point de vue une plante particulièrement intéressante. Le persil contient également de la provitamine A, de la vitamine B et une essence volatile, l'apiol. Le persil foliacé peut se subdiviser en quatre groupes: les persils à feuilles plates (f. *vulgare*), à feuilles frisées (f. *crispum*), finement divisées (f. *tenuisectum)* et les persils ornementaux à feuilles panachées (f. *variegatum*). Le persil frisé est très décoratif grâce à ses feuilles mousseuses, mais sa teneur en vitamines est moins forte que celle du persil simple à feuilles plates et il est également moins parfumé. Les parties vertes du persil de Hambourg (persil-racine) sont elles aussi très riches en substances aromatiques et sont employées, après séchage, par les industries alimentaires. Les parties séchées conservent une bonne qualité diététique, mais rien ne peut remplacer le persil frais, ajouté au mets juste avant de servir. Les feuilles restent fraîches longtemps lorsqu'on les maintient à une température juste au-dessus de zéro. Le persil supporte bien la congélation.

Le persil est une plante bisannuelle. Il fleurit (3) au cours de la seconde année. Il se distingue du persil-racine par sa racine mince, ramifiée, inutilisable en cuisine et par ses feuilles plus (2) ou moins (1) frisées. Le fruit est un diakène (4). Le semis se fait très tôt à la sortie de l'hiver, à la fin de l'été ou à l'automne, en rangs distants de 10—15 cm. On peut semer sous châssis ou sous abri plastique en juillet. Comme c'est une plante très résistante au gel conservant sa chlorophylle même sous la neige, elle peut être récoltée durant toute la mauvaise saison. En hiver, on peut aussi la hâter facilement en pot dans une serre ou près de la fenêtre. Même les racines peu développées du persil de Hambourg ne se prêtant pas aux

4

préparations culinaires, peuvent être plantées et donnent, en 7 à 10 jours, des feuilles de bonne qualité. Il peut être pratique d'associer dans un même pot un pied de persil, de céleri et d'oignon.

Mâche, doucette
Valerianella olitoria

Valérianacées
Valerianaceae

La mâche croît à l'état spontané sur une vaste aire occupant toute la zone tempérée de l'Europe, l'Asie Mineure et le Caucase. Elle est si adaptable qu'on la trouve de 60 degrés de latitude Nord jusqu'à Madère et aux Açores au sud. Elle se plaît surtout dans les champs de céréales et les prairies non fauchées. Il n'est pas évident qu'elle ait servi de légume dans l'Antiquité ou au Moyen Age et la première recommandation quant à sa culture se trouve dans un texte allemand datant de 1588. On peut aussi récolter les plantes sauvages. La mâche est de nos jours cultivée en grande quantité dans les deux Allemagnes mais, ailleurs, elle reste une plante typiquement potagère. Elle n'a pas de grandes exigences ni pour le sol ni pour la température; elle résiste au gel et sa courte période végétative permet une récolte précoce. On la cueille de la fin de l'automne jusqu'au début du printemps, à une époque où la salade est rare. Sa valeur nutritive est supérieure à celle de la laitue, surtout à cause de sa teneur en provitamine A et en vitamines B et C. La mâche peut être cultivée en pleine terre où elle passe l'hiver sans problème. On aura intérêt à la couvrir légèrement en période vraiment froide pour faciliter la récolte des feuilles. Bien entendu, il est encore plus commode pendant l'hiver de cultiver la mâche en serre froide ou sous divers abris plastiques. Les feuilles fraîches servent à préparer d'appétissantes salades.

3

La mâche est une petite plante annuelle. Les rosettes de feuilles (1) ne dépassent pas quelques centimètres de haut, les hampes florales atteignent 20—30 cm. On consomme ici les feuilles entières, de forme allongée: pour cela, on coupe au couteau toute la rosette. La hampe florale est ramifiée (2) et porte de petites fleurs groupées (3), de couleur bleutée. Le fruit est petit, aplati, jaunâtre. Les graines tombées ne germent que la deuxième année après la récolte. On sème la mâche tôt au printemps, plus tard elle monte en graine. La récolte a lieu en mai. Pour récolter en automne, on sème en juillet, mais on recommande surtout les semis d'automne pour une récolte hivernale ou très précoce au printemps. On aura intérêt à effectuer deux semis à 14 jours d'intervalle, pour assurer l'hivernage au stade de développement optimal. On sème à la volée ou en rangs distants de 10 cm, en août à septembre. Les rosettes hivernent sous la neige sans dommage. La mâche se naturalise facilement au point de devenir une adventice gênante.

2

1

Pourpier — *Portulaca oleracea*

Portulacacées — *Portulacaceae*

Le pourpier provient sans doute de l'Inde et de l'Himalaya occidental, où on le trouve à l'état spontané jusqu'à une altitude de 5000 m. Son aire naturelle s'étendait jadis jusqu'en Grèce. De nos jours, on le trouve à l'état naturalisé dans la plupart des pays européens ainsi qu'en Amérique du Sud comme du Nord. Il se plaît partout où il trouve suffisamment de soleil et de chaleur. Il graine facilement et se multiplie rapidement, ce qui en fait une adventice fréquente, surtout dans les régions viticoles au climat chaud. Les anciens Égyptiens l'utilisaient déjà, selon toute évidence, comme légume et comme plante médicinale. Il était très apprécié au Moyen Age, surtout en Angleterre. La variété *silvestris,* à la tige couchée portant de petites feuilles rougeâtres est voisine de la forme spontanée. Les variétés culturales (var. *sativa*) présentent des tiges plus dressées, plus hautes, portant des feuilles très grandes et très charnues. Il en existe une forme verte et une forme dorée, aux feuilles plus ou moins larges ou étroites. Son goût acidulé, légèrement salé, en fait un bon complément de salades, de potages crémeux, de mayonnaises, de viandes, ou de poisson. On peut aussi le préparer comme les épinards. La cuisson fait rapidement perdre aux feuilles leur arôme, on les ajoute donc au dernier moment, coupées menu. Jadis, elles servaient également de succédané de câpres. Elles sont riches en provitamine A et en vitamines B_1 et B_2. De nos jours, le pourpier n'est cultivé que dans certains pays, en France, en Hollande et dans la partie méridionale de l'U.R.S.S.

Le pourpier est une plante annuelle, couchée ou semi-dressée, portant des rejets longs de 30—60 cm. Les feuilles, relativement petites, sont allongées et tronquées, voire échancrées à leur extrémité. Toute la plante est charnue (1). Les fleurs sont menues, blanches, flavescentes à rouges, entourées de bractées apparentes (2). Les graines sont gris sombre, menues. Le pourpier demande une situation ensoleillée et un milieu chaud. Il supporte mal les chutes de température et doit être semé en mai, à la volée, directement en place. On peut aussi planter des jeunes pieds obtenus en pépinière. La germination est très rapide et la première récolte peut se faire au bout de 3—4 semaines. On coupe alors les tiges charnues avec les feuilles. La récolte peut se répéter 2—3 fois pendant la durée de la végétation, et ce jusqu'à la floraison. Par la suite, les feuilles deviennent dures et prennent un goût fort. Il est pratique d'effectuer des semis échelonnés. Le pourpier est facile à cultiver même en caissettes sur un balcon, ou encore en pots, en serre ou au printemps sur couche.

1
2

Épinard Chénopodiacées
Spinacia oleracea *Chenopodiaceae*

La forme originelle de l'épinard ne nous est pas connue. On peut penser, selon toute vraisemblance, que l'épinard cultivé descend de l'espèce sauvage *S. tetrandra* que l'on rencontre du Caucase jusqu'à l'Afghanistan en passant par le Turkestan et l'Iran. La plus ancienne mention de ce légume se trouve dans un texte espagnol. Les anciens peuples d'Europe ne le connaissaient pas. Il est probable que ce sont les Arabes ou les croisés qui ont introduit l'épinard en Espagne depuis le Proche-Orient. Aux XVIe et XVIIe siècles, il était devenu courant dans toute l'Europe. Le nom *Spinacia*, qui vient soit du persan soit du latin *spina* épine, serait une allusion aux graines munies de piquants et a donné naissance à tous les noms européens. Seule la variété *spinosa* produit cependant des graines épineuses (5). La plupart des variétés actuelles appartiennent au groupe *inermis*, à graines rondes et lisses (4). Les variétés à graines épineuses, assez peu cultivées de nos jours, sont plus résistantes au gel et présentent des feuilles au lime découpé. Les feuilles d'épinard contiennent différentes substances intéressantes : protéines, sels minéraux (calcium, fer), provitamine A, vitamines C et K. Elles contiennent également de l'acide oxalique et de l'acide silicique. On récolte les rosettes feuillées, les sujets montés étant plus amers. En plein hiver et en été, lorsqu'il est impossible de récolter des feuilles fraîches, on peut faire appel aux épinards surgelés qui facilitent la tâche de la ménagère.

L'épinard est une plante annuelle. Il commence par produire une rosette de feuilles brillantes, vert soutenu, lisses ou cloquées (1), puis une tige ramifiée, haute de 60—70 cm. Les variétés originelles sont dioïques, mais les variétés actuelles peuvent être monoïques. Les sujets mâles (3) fleurissent plus facilement et sont moins feuillés : ils sont donc moins intéressants que les sujets femelles (2). Les fleurs sont menues, vert-jaune, groupées à l'aisselle des feuilles. Le fruit est un akène doté d'un péricarpe verdâtre et très dur. L'épinard doit être semé directement en place, il résiste au gel et doit être éclairci pour présenter un écartement final de 10 × 25 cm. La durée de récolte peut être prolongée par des semis échelonnés. Un semis printanier donnera une récolte au mois d'avril ; si on sème au mois d'août, on récolte en septembre—octobre, si on sème à l'automne (en septembre), on récoltera tout au début du printemps. Les épinards semés en été montent à fleur sans former de rosette feuillée.

3

1

5

4

Poirée, bette, blette — Chénopodiacées
Beta vulgaris var. *vulgaris (cicla)* — *Chenopodiaceae*

Comme la betterave potagère, la betterave fourragère et la betterave à sucre, la poirée est originaire des régions orientales du Bassin méditerranéen et des steppes, voire des déserts d'Asie centrale et antérieure. De toutes ces plantes cultivées, la betterave potagère et la poirée sont les plus anciennes. Elles étaient déjà connues des Grecs et des Romains. De nos jours, la bette est surtout appréciée en Europe occidentale et en Amérique du Nord. Les feuilles sont riches en provitamine A (10 mg pour 100 g de matière fraîche) et en protéines. Les différentes variétés se distinguent par la couleur. Les feuilles peuvent avoir un limbe vert sombre, vert clair, voire rouge violacé en raison de la présence d'anthocyane. Pour ce qui est de leur utilité, on distingue les types utiles par leur limbe, par leur pétiole et des types de transition. Les bettes du type foliacé présentent un pétiole étroit et sont cultivées pour leur limbe foliaire bien développé, qui remplace fort bien l'épinard, surtout en été, lorsque l'épinard vrai monte en graine. Les bettes cultivées pour leur pétiole (3) ont également de grandes feuilles, mais aussi un pétiole charnu, large de 6 cm et épais de 3 cm à la base et se prolongeant par une puissante nervure centrale. Ces côtes sont consommées cuites, en salade ou dans diverses préparations culinaires. Chez les types de transition, enfin, on consomme aussi bien les pétioles que les limbes foliaires (1). Les pétioles sont blancs ou rouges, d'une texture naturellement fine qui dispense de blanchissage. Les feuilles, comme les pétioles, sont légèrement sucrées avec un goût typique de betterave, dû à la présence de bétaïne, substance azotée que l'on trouve aussi chez les autres betteraves, la potagère, la fourragère et la betterave à sucre. Parmi les variétés de bette, celles à feuillage rouge et aux pétioles développés ont un caractère décoratif incontestable.

La première année, la bette forme une rosette de feuilles géantes, brillantes, dressées, atteignant jusqu'à 60 cm de hauteur et une racine légèrement charnue; la seconde année, apparaît une inflorescence feuillée (2), richement ramifiée, composée de petites fleurs verdâtres groupées en bouquets. Les graines sont situées dans un glomérule à plusieurs loges, avec une seule graine par loge. Les glomérules de bette sont un peu plus petits que ceux de la betterave potagère. Après le semis, plusieurs plantes germent au même endroit et il faut les éclaircir par la suite. La bette se plaît dans tous les milieux. Le rendement et la qualité des feuilles sont améliorés par un apport suffisant d'éléments nutritifs et d'humidité. Les jeunes sujets sont un peu sensibles au gel. On sème le plus souvent directement en place, mais on peut aussi repiquer des plants tout préparés, avec un écartement de 30 × 50 cm. Les feuilles adultes sont récoltées progressivement de l'été jusqu'aux gelées. Plus tard, les plantes sorties de terre peuvent être conservées en jauge et hâtées au printemps sous châssis, car elles se mettent rapidement à bourgeonner.

1 2 3

Arroche des jardins, bonne dame — Chénopodiacées
Atriplex hortensis — *Chenopodiaceae*

L'arroche est une plante d'ancienne culture, bien connue des Grecs et des Romains de l'Antiquité. Elle descend sans doute de l'arroche luisante *(Atriplex nitens)* qui a pour patrie l'Europe méridionale et la région asiatique du Caucase jusqu'en Sibérie, en passant par l'Asie centrale. On ne la trouve pas en Europe septentrionale. A la différence de son ancêtre aux feuilles luisantes, l'arroche des jardins présente un limbe foliaire couvert de petits trichomes blancs, ce qui le fait paraître comme enfariné. Si on la compare aux autres espèces de légumes du type épinard, l'arroche se caractérise par une texture et un goût plus fins (en raison de son faible taux d'acide oxalique). Au Moyen-Age, elle était encore très souvent cultivée. Par la suite, la culture de l'épinard est venue la détrôner. L'arroche est une plante sans grands besoins et de bon rendement. De culture facile, elle nous offre une récolte de feuilles plus étalée dans le temps que l'épinard. Le mode de cuisson est le même que pour l'épinard. On connaît trois groupes de variétés : celles au limbe vert-jaune (2), vert clair et rouge sang (1). Chez la forme rouge l'anthocyane diffuse dans l'eau de cuisson, et les feuilles deviennent vertes à la cuisson. Toutes les formes d'arroche sont très décoratives et sont souvent cultivées à titre ornemental. Elles se naturalisent souvent au jardin.

2

L'arroche des jardins est une plante herbacée annuelle, peu ramifiée, qui atteint jusqu'à 120 cm de hauteur. Les feuilles sont triangulaires, entières ou très faiblement dentées, mates, fines, de même couleur sur l'endroit et sur l'envers. Les fleurs flavescentes ou rouges s'épanouissent en riches inflorescences de juillet à septembre. Le fruit est un akène plat enfermé dans des bractées membraneuses bien dévelopées (3). Les graines ne conservent leur pouvoir germinatif qu'une année. La croissance est très rapide : deux mois après le semis, 7 à 10 feuilles sont déjà formées et la récolte peut commencer. On sème au printemps, en lignes distantes d'environ 30 cm ou à la volée. On peut aussi semer au tout début de l'automne pour une

1

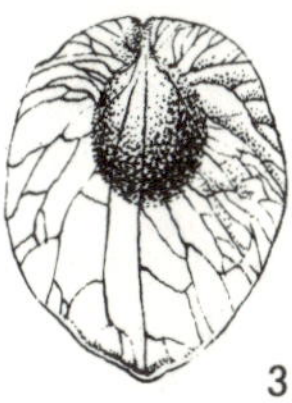

3

récolte tardive. Les semis d'été fleurissent rapidement. Des arrosages réguliers retardent la mise à fleur et affinent le goût des feuilles. Celles-ci atteignent leur qualité optimale lorsque les sujets ne dépassent pas 50 cm de hauteur.

Oseille des jardins *Rumex acetosa*

Polygonacées *Polygonaceae*

S'il existe au moins cinq espèces de rumex qui servent de légumes *(R. arifolius, R. alpinus, R. scutatus),* il en est surtout deux qui sont très couramment cultivées : l'oseille *(R. acetosa)* et la patience ou oseille-épinard *(R. patientia).* L'oseille croît dans toute l'Europe jusqu'à l'Islande, dans la zone tempérée de l'Asie, en Amérique du Nord, mais aussi dans la région du Cap et au Chili. Son emploi comme légume est attesté en France dès le XIVe siècle et c'est dans notre pays qu'elle reste encore de nos jours le plus couramment cultivée. En Europe centrale, sa culture est rare, mais on ramasse souvent les feuilles de l'oseille sauvage. On pense souvent que l'oseille est une plante toxique, mais cette opinion est tout à fait dénuée de fondement. On a pu prouver, en effet, que les oxalates qu'elle contient et auxquels on attribue sa nocivité sont parfaitement inoffensifs même à forte dose. Consommée seule, l'oseille est diurétique. Les variétés cultivées sont généralement à grandes feuilles, soit vert clair, soit vert vif, et ont un goût légèrement acidulé. Du point de vue cultural, l'oseille est une plante modeste et les rendements sont même très forts lorsque le sol est nutritif. Elle pousse correctement même dans une ombre légère et résiste au froid. Les feuilles servent à la préparation de salades et de potages. L'oseille est également la composante la plus importante des sauces «de Francfort». Comme toutes les plantes relativement peu touchées par l'homme, elle présente une bonne résistance aux maladies et aux parasites. Les plants extirpés de terre peuvent être facilement hâtés sous châssis tiède et donnent alors une récolte des plus précoces.

L'oseille est une plante pérenne, haute de 30—100 cm (1), aux feuilles sagittées à longues oreillettes recourbées vers le pétiole et au limbe légèrement charnu. La hampe florale est feuillée et ramifiée dans sa partie supérieure (2). La coloration caractéristique rouge-violacé des pétioles et des tiges est due à la présence d'anthocyanes. La plante fleurit dès la deuxième année, de mai à août. L'oseille est une espèce dioïque. Les fruits sont des akènes monospermes, trigonaux, brillants, brun sombre. L'oseille des jardins se sème en août ou, plus souvent, au printemps, en rangs distants de 20—30 cm et doit être éclaircie par la suite de manière à laisser 20 cm entre les pieds. Le semis d'automne permet une récolte tôt au printemps, et l'oseille peut aussi être hâtée facilement. La multiplication peut aussi se faire par division des touffes. L'élimination des hampes florales avant la mise à fleur favorise la production de feuilles. On les

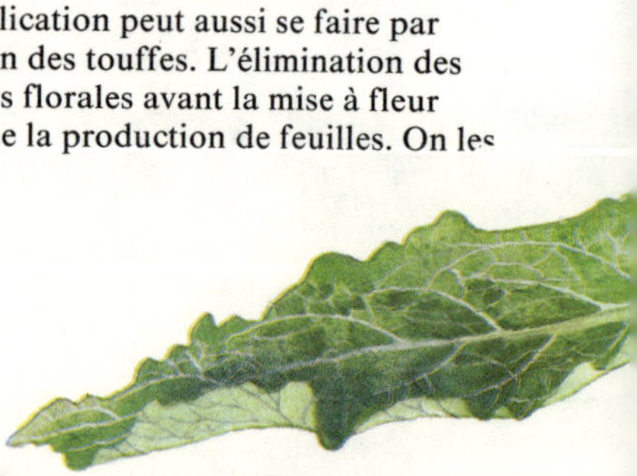

1

2

récolte, en les pinçant progressivement, lorsque les plants ont environ 4—5 feuilles, c'est-à-dire 2—3 mois après le semis. On évitera de les couper pour ne pas risquer d'endommager le cœur, et on veillera à laisser toujours en place une partie du feuillage pour permettre à la plante de se refaire. L'oseille peut être laissée en place pendant 2—4 ans.

Tétragone, épinard d'été — Aizoacées
Tetragonia tetragonioides — *Aizoaceae*

La tétragone est originiare de l'hémisphère austral, de la Nouvelle-Zélande et des îles adjacentes de l'Australie. C'est dans des temps reculés qu'elle a diffusé d'abord vers l'Amérique du Sud et le Japon. En 1772, la tétragone fut introduite de Nouvelle-Zélande en Angleterre, d'où elle se répandit lentement dans les autres parties de l'Europe, parfois sous le nom d'épinard de Nouvelle-Zélande. Le nom scientifique de tétragone, *Tetragonia,* dérive de la forme inhabituelle, tétragonale, du fruit (4), impossible à confondre avec d'autres fruits de plantes cultivées. Le fruit contient plusieurs loges monospermes. Comme la tétragone a un port couché, les plants doivent être pré-cultivés en pépinière et la récolte de feuilles jeunes est fastidieuse, ce qui explique pourquoi cette plante n'est cultivée qu'en petites surfaces. Elle est surtout précieuse pour les jardiniers amateurs à qui elle fournit une excellente culture de remplacement de l'épinard en été, lorsque l'épinard monte à fleur. Les pieds de tétragone sont étalés et richement feuillés, si bien qu'il en faut peu (6—8) pour satisfaire les besoins d'une famille.

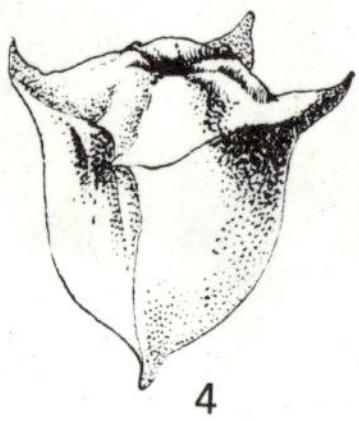
4

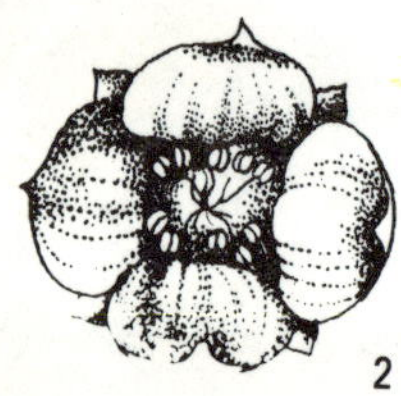
2

C'est une plante annuelle en Europe. De port couché, elle présente des rameaux fortement ramifiés, atteignant 1 m de longueur (1). L'enracinement est superficiel. Les feuilles sont triangulaires, pétiolées, charnues, et présentent à la surface de petites glandes lâchement disposées. Les fleurs (2) sont petites, discrètes, vert-jaune, isolées à l'aisselle des feuilles (3). La tétragone aime une bonne chaleur et un sol humide; on la plante donc soit dans un endroit abrité soit sur couche. Les fruits atteignent 1 cm. Avant le semis, on les fait gonfler dans de l'eau pendant deux jours, puis on les plante dans des récipients. Les plants sont mis en place avec un écartement 80 × 80 cm. Leur croissance est d'abord

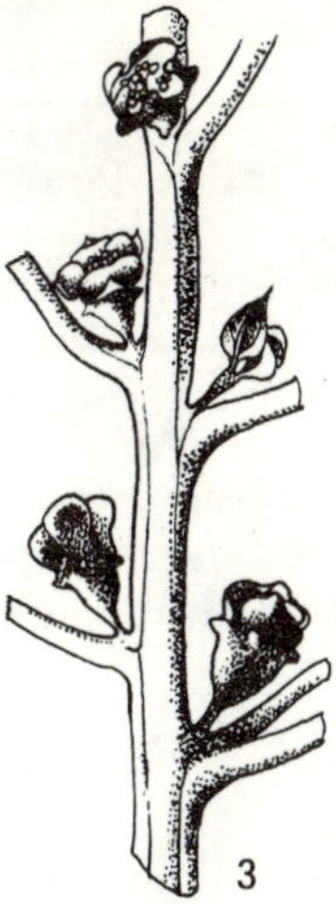
3

lente et on peut les installer en culture dérobée complétant un légume de petite taille. Par la suite, les feuilles arrivent à recouvrir entièrement la surface du sol. La première récolte peut avoir lieu 50 à 70 jours après le semis : on coupe ou on pince alors les extrémités des pousses avec 4—5 feuilles. On favorise ainsi la ramification des tiges et la production de nouvelles pousses sans priver la plante de ses feuilles centrales, nécessaires pour un bon développement ultérieur. La plante atteint son développement maximal et la période de la récolte en été (juillet—septembre) au moment des fortes températures.

1

Cardon Astéracées
Cynara cardunculus *Asteraceae*

Les cardons étaient déjà cultivés dans l'Antiquité. Pour les Romains qui en connaissaient plusieurs types distincts, c'était même un légume de choix. Les cardons sont d'origine méditerranéenne, spontanés dans le Sud de l'Europe. Ils ne furent introduits en Europe centrale qu'au XVIe siècle et leur culture y reste relativement limitée. On considère le cardon comme l'ancêtre de l'artichaut. Par le passé, on consommait aussi bien les pétioles et les nervures foliaires que les capitules et les racines. Les cardons se caractérisent par leur taille élevée, leurs pétioles et leurs nervures foliaires puissamment développées et leurs petits capitules floraux (2), à la différence des artichauts dont les capitules sont grands et charnus. Les pétioles de cardon ne sont consommés qu'après étiolement, opération qui les affine et les attendrit. On les prépare suivant les mêmes recettes que les asperges. Ils sont surtout cultivés en France, en Espagne et en Italie, mais aussi en Suisse. Les variétés peuvent être classées en plusieurs groupes : un groupe à courtes épines sur les feuilles (var. *altilis*), un groupe sans épines (var. *altilis* f. *inermis*). Chez certaines variétés, la nervure foliaire est pleine, chez d'autres elle est creuse. La plante a un aspect très décoratif.

La plante est vivace, de développement puissant, atteignant 100—150 cm de hauteur, mais elle est le plus souvent cultivée comme annuelle. Les feuilles sont pennatifides, le plus souvent épineuses, bordées de poils et tomenteuses sur leur face inférieure (1). On emploie les pétioles larges et charnus (3), ainsi que les nervures centrales des feuilles. Les plantes qui souffrent d'une insuffisance de matières nutritives et d'humidité donnent des côtes dures et amères. L'hiver, les cardons ont besoin d'être protégés du gel. On cultive à partir de semis élevés en pépinière en mars et on repique les plants en mai en tranchées avec un écartement de 1 × 1 m.

Le blanchiment se pratique ou directement en place, ou en cave. En septembre, on lie les feuilles des plantes adultes laissées en place, on les entoure d'une mince épaisseur de paille ou d'un autre matériau et on les recouvre de terre de manière à ne laisser dehors que les pointes des feuilles. Au bout de 20 jours on obtient de longs pétioles blancs et fins que l'on coupe au ras du sol. On blanchit ainsi progressivement les plantes jusqu'aux gelées. On peut aussi sortir les plantes de terre avec leur motte, les lier et les poser les unes contre les autres dans une pièce dont la température n'est pas inférieure à 0 °C. En hiver, on obtient ainsi des pétioles blanchis en 15 jours.

1

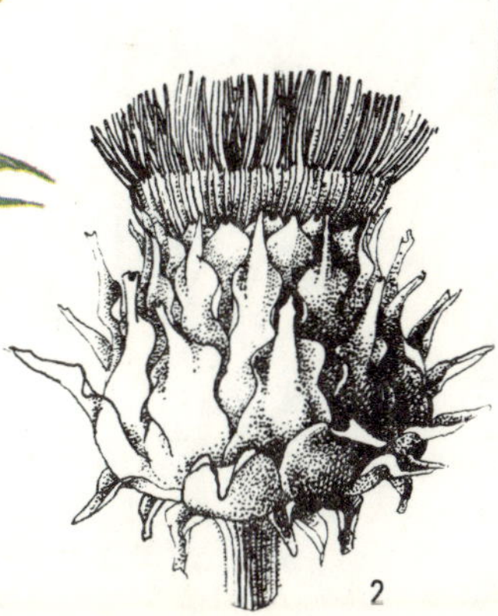
2

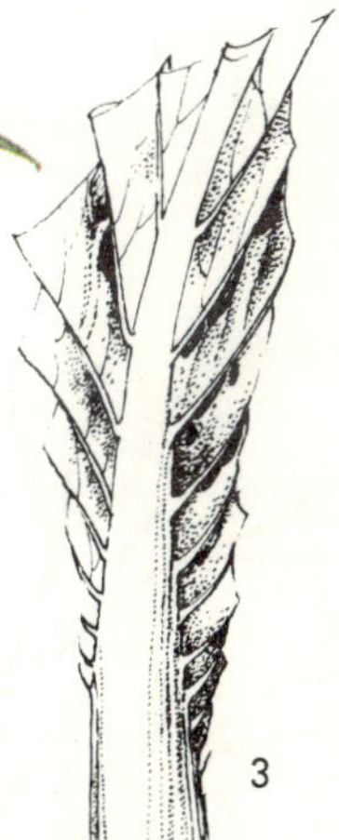
3

113

Fenouil doux, fenouil à bulbe — Apiacées
Foeniculum vulgare var. *dulce* — *Apiaceae*

Le fenouil doux est cultivé depuis l'Antiquité comme légume fin et délicat. Il est originaire des pays méridonaux. On lui ajoute souvent les épithètes «de Bologne» ou «de Florence». Il se distingue du fenouil commun, cultivé pour ses graines et ses tiges, par ses parties vertes courtes, basses et épaisses. Les feuilles sont tassées sur la tige et leur limbe atrophié surmonte des gaines charnues, formant un bulbe aérien aplati, qui rappelle un peu l'oignon. C'est ce bulbe qui est la partie intéressante du fenouil. On le récolte avec sa racine charnue et on élimine les feuilles externes à la limite entre le limbe et la gaine. Toute la plante est fortement aromatique, mais son goût particulier demande un temps d'accoutumance. On connaît surtout les variétés de Bologne, de Sicile ou de Palerme, qui se caractérisent par leur courte tige et leurs larges gaînes foliaires et qui sont consommées crues à la manière du céleri à côtes blanchi, et les variétés de Florence, aux pétioles plus longs (jusqu'à 5—6 cm) qui se consomment cuites (bouillies ou braisées).

2

Le fenouil est une plante bisannuelle. Dans la première année, il forme un bulbe aérien plat de la taille d'un gros oignon (1), tout à fait caractéristique de ce légume. Le bulbe porte des feuilles plusieurs fois pennées, laciniées, rappelant l'aneth (2). Les pétioles s'élargissent à la base en gaines charnues grossièrement cannelées dans le sens longitudinal, voire marquées de côtes saillantes, qui participent à la formation du bulbe. La seconde année, la plante fleurit : les ombelles sont grandes, atteignent jusqu'à 10 cm de diamètre et se composent de fleurs jaunes (3) qui se transforment par la suite en diakènes brun clair, amincis aux extrémités (4). Le fenouil est une plante typique de jours longs, ce qui entraîne, lorsque le semis a eu lieu tard au printemps, une montée en graine dès la première année. On aura donc intérêt à attendre pour semer le mois de juillet. On sème soit directement en place, soit sous châssis. L'écartement optimal entre les rangs est de 30 cm et les plantes seront éclaircies à une distance de 15—20 cm. Le sol doit être calcaire et perméable. Environ quinze jours avant la récolte, lorsque les bulbes ont atteint leur

3

4

1

taille adulte, on peut les couvrir de terre pour les blanchir et les affiner. On récolte à l'automne, avant l'arrivée du gel. Les plantes sorties de terre se conservent dans une cave enfouies dans du sable et peuvent être employées tout au long de l'hiver. Le fenouil doux supporte de faibles gelées. On peut le laisser en place pendant l'hiver, recouvert de paille ou de feuilles, lorsqu'on a pris soin de l'installer dans un coin abrité.

Pois à écosser à grains ronds — Fabacées
Pisum sativum var. *vulgare* — *Fabaceae*

Le pois cultivé provient d'une espèce sauvage, *Pisum elatius,* aux fleurs rose-pourpré, adventice en Europe méridionale, dans le Bassin méditerranéen, en Transcaucasie, en Asie antérieure et jusqu'en Afghanistan. Des fouilles effectuées sur le site de l'ancienne Troie ont permis de découvrir des pois à petits grains, en même temps que du blé et de l'orge. On a également trouvé des pois dans les plus anciens vestiges de présence humaine, découverts dans la région alpine et datant de l'âge de pierre. Comme la plupart des légumineuses, le pois cultivé pénétra en Europe depuis l'Orient, par l'intermédiaire de l'Italie, et il ne s'y répandit qu'au Moyen Age. On n'utilisait à l'origine pour l'alimentation que les grains mûrs et secs. Ce furent les Hollandais qui commencèrent à consommer les pois encore verts, et les premiers écrits attestant cette pratique datent de 1610.

Les pois maraîchers, cultivés pour leurs gousses vertes ou leurs grains consommés avant maturité, se répartissent en plusieurs groupes : pois à écosser à grains ronds, pois à écosser à grains ridés (voir p. 118) et pois mange-tout (voir p. 120). C'est le pois à écosser à grains ronds qui est le plus proche des pois de culture industrielle. Les grains verts sont consommés crus ou cuits, mais ils ne sont utilisables que pendant un laps de temps relativement court. Leurs substances de réserves sont en effet stockées essentiellement sous forme d'amidon et les grains mûrissent rapidement en perdant leur délicatesse comme leur goût sucré.

Le pois est une plante herbacée, annuelle, de hauteur variable. On cultive le plus souvent les variétés de taille moyenne (60—120 cm), faiblement ramifiées (1). Les tiges sont parfois fasciées (soudées sur leur longueur). Les feuilles se composent de trois paires de folioles, la foliole terminale est transformée en vrille. Les stipules sont bien développées. La fleur est le plus souvent blanche. La gousse contient entre 4 et 13 grains (2), jaunes à maturité, parfois verts, toujours ronds (3). Les pois à écosser à grains ronds sont semés directement en place, avec un écartement de 40 × 20 cm. On peut semer dès la fin mars, car ce groupe est le plus résistant aux basses températures. Les pois peuvent être cultivés soit sans support, comme pour les variétés de plein champ, soit sur des rames. La récolte consiste à ramasser progressivement les gousses avant leur maturité.

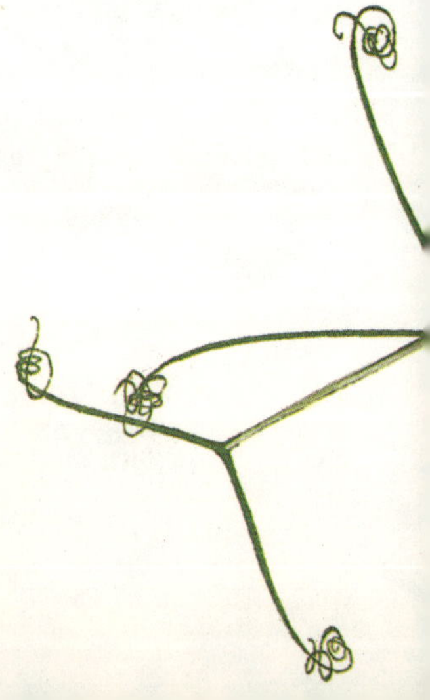

1
2
3

Pois à écosser à grains ridés Fabacées
Pisum sativum var. *medullare* *Fabaceae*

L'origine du pois à grains ridés est la même que celle du pois à grains ronds (voir p. 116). C'est la sélection qui creusa la différence entre les deux groupes, et ce depuis le moment où la culture des pois maraîchers destinés à la consommation en vert se répandit en Europe. La culture du pois à grains ridés fut entreprise par les Hollandais au début du XVIIe siècle. Elle se répandit ensuite surtout en France et en Angleterre, puis elle rencontra un certain succès dans les autres pays.

Les pois à grains ridés se distinguent des pois à grains ronds par le fait que les matières de réserve sont stockées dans les grains non sous forme d'amidon, mais sous forme de dextrines et de sucres simples. C'est pour cette raison que leurs graines prennent à maturité une forme irrégulière, au tégument fortement ridé. En comparaison avec les autres pois, les variétés à grains ridés conservent plus longtemps leur finesse et leur goût sucré. Le pois à grains ridés compte de nos jours parmi les plus importants des légumes destinés à un traitement industriel en conserveries et en usines de congélation. Son intérêt est notamment dû à la mécanisation complète de la récolte, y compris les possibilités de battage des grains verts, mais aussi à sa haute valeur nutritive et au large éventail de ses possibilités d'emploi. Comme le pois à grains ronds, le pois à grains ridés présente une valeur énergétique double de celle des autres légumes frais. Il est riche en provitamine A, en vitamines B et C, mais aussi en vitamines moins courantes comme les vitamines E et PP.

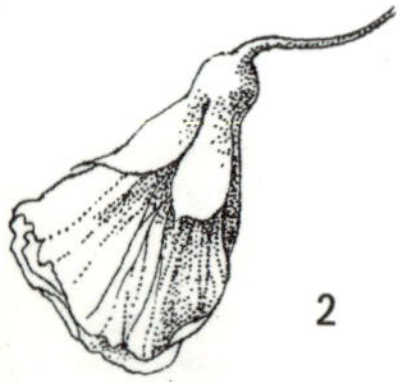

2

La plante est très voisine de la variété précédente (1). On cultive le plus souvent les variétés de taille moyenne (60—120 cm de hauteur), peu ramifiées. Les fleurs (2) sont généralement blanches. Les gousses mesurent 8—13 cm de longueur, elles se caractérisent par la présence d'une membrane interne parcheminée. Les grains, ridés à maturité, sont généralement verts. Selon la longueur de la gousse, celle-ci contient de 4 à 13 grains. Les différentes variétés se distinguent par le port, la précocité, la taille des grains verts, les variétés à petits grains étant les plus appréciées. On sème directement en place, avec un écartement de 40 × 20 cm, seulement en avril, car les jeunes plants craignent les basses températures. On cultive ce pois près d'un support en treillis de fil de fer ou en tout autre matériau qui permette la fixation des vrilles.

1
3

Pois mange-tout, pois gourmand
Pisum sativum var. *saccharatum*

Fabacées
Fabaceae

Le pois cultivé est originaire d'Orient. Les migrations des peuples vers l'ouest l'ont introduit en Asie Mineure, puis en Europe. Il est cultivé dans la zone tempérée et subtropicale des deux hémisphères. Le pois mange-tout est un pois maraîcher cultivé exclusivement pour ses gousses et ses grains (3) consommés à l'état immature, sans écosser. Ce mode d'utilisation est d'ailleurs le plus ancien chez tous les pois et ce n'est que par la suite qu'on a pris l'habitude de les écosser pour n'en consommer que les grains. Le pois mange-tout est vraisemblablement cultivé en Europe depuis le VIIIe siècle, mais la variété ne se distingue nettement des autres pois qu'au XIIIe siècle. Les gousses de structure fine sont dépourvues de la pellicule parcheminée qui tapisse l'intérieur des valves chez les autres variétés. Elles sont consommées entières, soit crues en salade, soit cuites. Les parois des gousses sont plus ou moins épaisses. Les grains mûrs sont anguleux et ridés, car les substances de réserve y sont stockées sous forme de dextrines et de sucres simples. Les grains secs ne conviennent pas pour la cuisson : ils restent en effet fermes et moins agréables au goût que les autres pois. Le pois mange-tout est moins répandu que le pois à écosser. Il est rarement cultivé à grande échelle et constitue vraiment une variété jardinière. Il est précieux par sa forte teneur en sucres, en protéines digestes, en vitamines et en sels minéraux.

Le pois mange-tout (1) est une plante annuelle, morphologiquement très semblable aux autres pois maraîchers, mais généralement un peu plus haute (de 70 à 180 cm) et plus tardive. Il existe cependant aussi des types bas et précoces. C'est une plante de jours longs qui supporte également de basses températures. Les fleurs sont blanches ou rouge-violet (2). Comme les autres pois, le pois mange-tout tire l'azote nécessaire à sa croissance directement de l'air, grâce à l'action des bactéries symbiotiques vivant dans les nodules racinaires.
Le pois mange-tout se sème en avril directement en place, en rangs distants de 40 cm, avec un écartement de 15 cm entre les pieds. On peut aussi faire des rangs doubles. On aura intérêt à les ramer ou à les tendre sur un grillage. Les gousses sont récoltées progressivement lorsque les grains atteignent le stade laiteux.

2
3
1

Haricot commun à rames — Fabacées
Phaseolus vulgaris var. *communis* — *Fabaceae*

Les haricots sont une ancienne plante de culture des Indiens d'Amérique pour qui ils constituaient le légume le plus important après le maïs. Il en existe un grand nombre d'espèces, la plupart originaires d'Amérique, les autres d'Asie. Aucune espèce de haricot n'est spontanée en Europe. On cultivait probablement jadis sous le nom de haricot d'autres légumes secs appartenant par exemple aux genres *Vigna, Dolichos,* et les fèves *(Faba vulgaris),* mais toutes ces cultures sont passées à l'arrière plan après l'installation en Europe de l'espèce américaine *Phaseolus vulgaris.*

Le haricot commun a probablement pour ancêtre l'espèce *Phaseolus macrolepis* que l'on trouve dans les montagnes du Guatemala jusqu'à une altitude de 2 500 m. On ne connaît pas l'espèce spontanée. Les haricots furent introduits en Europe centrale seulement en 1564, année où un botaniste viennois en reçut un échantillon, une véritable rareté, d'un monastère de Lisbonne. L'Europe orientale ne connut les haricots qu'à la charnière du XVIIe et du XVIIIe siècles. De nos jours, le haricot commun est de culture courante jusqu'à 60° de latitude Nord et jusqu'à 800 m d'altitude, pratiquement dans le monde entier, soit pour les grains mûrs, soit pour les gousses consommées en vert. Le haricot commun est plus sensible au froid que les autres espèces de haricots et convient donc plutôt aux régions de climat assez chaud. C'est une espèce fort variable. Les formes grimpantes hautes, ou à rames (var. *communis*) sont les formes originelles, tandis que les formes buissonnantes basses (var. *nana*) sont apparues plus tard par suite d'une mutation. La valeur nutritive et les emplois sont les mêmes pour les deux groupes.

La plante est annuelle. Elle se caractérise par une tige lévogyre, volubile, dépourvue de vrilles, atteignant jusqu'à plusieurs mètres de longueur (1). Les fleurs sont blanches, verdâtres, rosées à violettes, groupées en grappes simples. Elles présentent une structure papilionacée typique, comme toutes les plantes de cette famille. Les haricots à rames ont une durée de végétation plus longue que les autres variétés et

présentent l'avantage de produire des gousses que l'on peut récolter progressivement tout au long de l'été. Par contre, les jeunes pieds sont brûlés par des températures de l'ordre de +1 à +2 °C. En climat froid, il faut donc semer les haricots seulement de début mai à fin juin, directement en place, en poquets distants de 40 × 40 cm. Ils doivent être cultivés près d'un support, idéalement des rames hautes de 2,5 m. Les gousses sont vertes, jaunes ou diversement striées (2) à violacées (3).

Haricot commun buissonnant, haricot nain Fabacées
Phaseolus vulgaris var. *nana* *Fabaceae*

Le haricot nain est apparu par mutation à partir de la forme grimpante primitive. Il a les mêmes exigences culturales que le haricot à rames et comme lui, il tire son alimentation azotée de l'air, par l'intermédiaire de bactéries (*Bacterium radicicola*) vivant dans les nodules racinaires. Gousses et grains présentent les mêmes qualités et les mêmes possibilités d'emploi que chez la variété grimpante. Par contre, le port buissonnant de cette variété fait qu'elle est beaucoup plus répandue que la variété à rames dont la hauteur et le besoin de support empêchent la culture industrielle. Les haricots nains représentent une matière première importante pour l'industrie du froid et pour les conserveries, car leur récolte est, de nos jours, le plus souvent entièrement mécanisée. Leur court cycle végétatif et leur précocité les font souvent préférer même par les maraîchers. On peut d'ailleurs prolonger la durée de la récolte en pratiquant des semis échelonnés. Les gousses vertes servent à la préparation de plats cuits et peuvent aussi être conservées par stérilisation. Elles entrent souvent dans la composition de jardinières et de légumes au vinaigre du type *mixed pickles*. Selon la qualité des gousses, on distingue plusieurs groupes : haricots mange-tout, aux gousses vertes ou jaunes, sans fils, haricots à écosser, gousse doublée d'une membrane parcheminée, à fil, dont on ne consomme le plus souvent que le grain mûr. Les conserveries demandent le plus souvent les variétés à grains blancs. Les gousses contiennent de 2 à 6 % de protéines, de la provitamine A et de la vitamine C. Les graines contiennent de 18 à 32 % de protéines et de 50 à 57 % de sucres.

La plante est annuelle, haute de 30—40 cm (1), sensible au froid, de jours longs. La germination du haricot commun est épigée, ce qui signifie que les cotylédons sont hissés au-dessus du sol au moment de la germination. Ils verdissent alors et assimilent comme des feuilles. La structure de la fleur (2) est la même que chez toutes les fabacées. Les gousses sont charnues, vertes ou jaunes (3), parfois veinées de violet. Elles se dessèchent à maturité. Les variétés de qualité sont sans fil et sans membranes parcheminées. La section des gousses est plane ou arrondie. Les gousses plates ont généralement aussi des grains plats. On récolte les cosses progressivement lorsqu'elles sont jeunes et cassantes. Les grains (4) sont blanc, brun clair ou d'autres couleurs, parfois aussi bicolores ou tricolores. Le semis se fait en mai à juin directement en place avec un écartement de 40 × 5 cm ou en poquets distants de 30 × 40 cm.

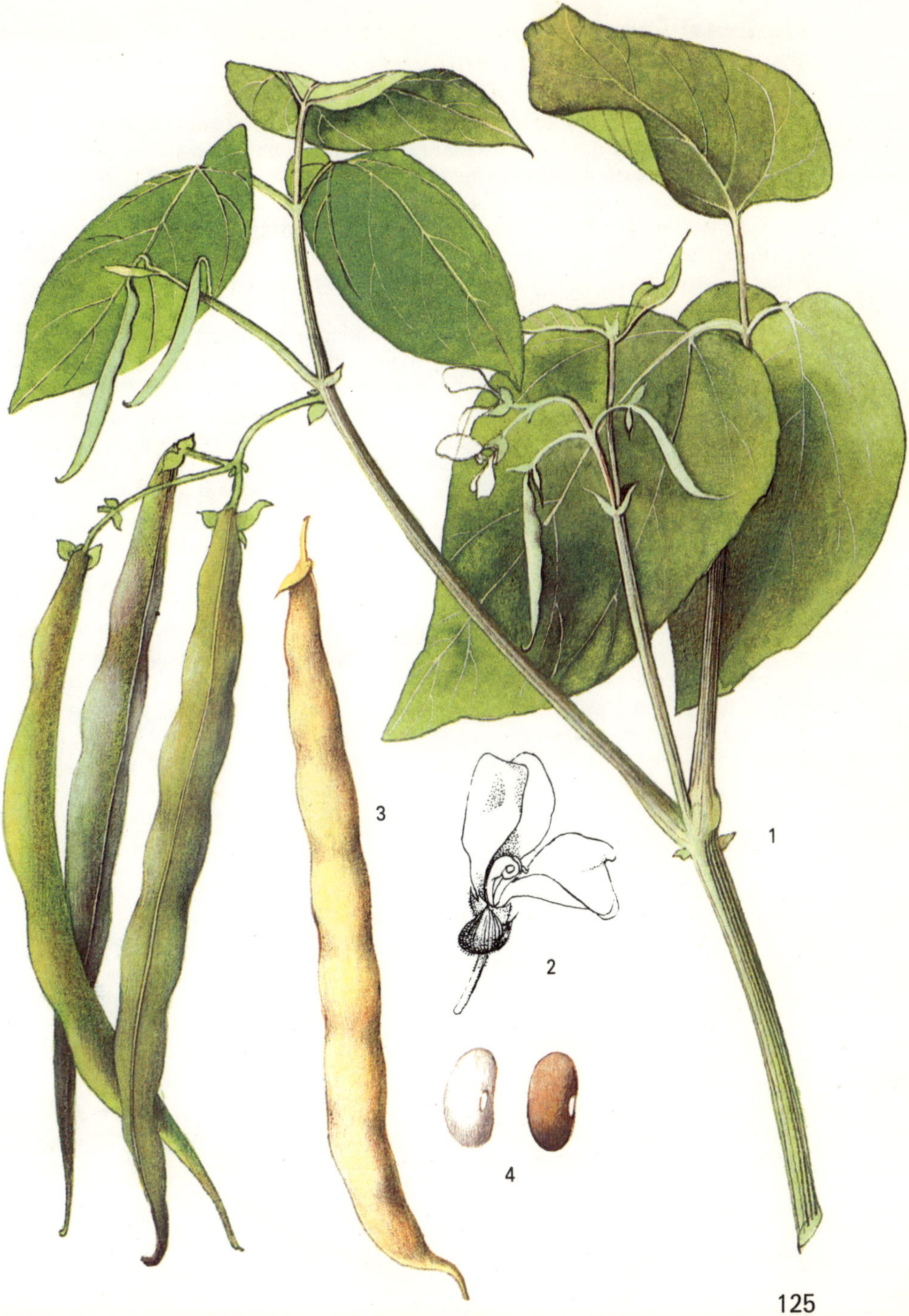
3
1
2
4

Haricot d'Espagne — Fabacées

Phaseolus coccineus (multiflorus) — *Fabaceae*

Il est originaire de la zone tropicale de l'Amérique centrale et de l'Amérique du Sud, comme le haricot commun et le haricot de Lima. Il fut introduit en Europe en même temps que les autres espèces de haricots au XVIe siècle par l'intermédiaire de l'Espagne. Une autre voie de pénétration l'a introduit en Europe orientale en traversant la Crimée au XVIIe siècle et on l'appelle pour cette raison haricot «turc» dans divers pays d'Europe. Il est spontané au Mexique et au Guatemala. Ses emplois sont les mêmes que ceux du haricot commun. La plante possède une racine charnue et serait pérenne si elle n'était pas détruite par le gel dans nos conditions climatiques. Elle résiste aux températures relativement basses et à l'humidité: on peut donc la cultiver même dans des régions assez froides et en altitude, là où le haricot commun ne réussit pas. Le haricot d'Espagne existe sous forme buissonnante, mais on cultive le plus souvent les variétés grimpantes dont on recouvre des clôtures ou des tonnelles ou que l'on appuie sur des rames. La plante reste verte et saine jusqu'en automne et on peut récolter ses cosses vertes, qui constituent son intérêt principal, de juillet jusqu'en octobre. Le haricot d'Espagne est assez peu cultivé sauf comme plante mellifère ou ornementale. Les cosses des différentes variétés sont toutes à peu près semblables : plates, vert sombre, rugueuses, avec un fil et une membrane interne. Elles sont charnues et de goût agréable. On distingue la vairété *coccinea* aux fleurs rouge feu, aux grains marbrés de rouge-violet, la variété *alba* aux fleurs et aux grains blancs et la variété bicolore aux fleurs panachées rouges et blanches et aux grains striés de brun-rouge. Les grains se préparent par cuisson comme ceux des autres haricots.

Sous nos climats, le haricot d'Espagne est une plante annuelle. C'est le seul haricot cultivé en Europe dont la germination soit hypogée, c'est-à-dire que les cotylédons restent sous terre après l'apparition de la plantule. La plante adulte est une liane atteignant jusqu'à 5 m de longueur (1). Les feuilles grandes et brillantes, sont fortement velues sur le dessus, légèrement sur le dessous. Les fleurs (2), les inflorescences et les cosses sont plus grandes que chez les autres haricots. Le rachis de l'inflorescence atteint jusqu'à 40 cm. Les cosses (3) peuvent mesurer jusqu'à 30 cm de long, elles sont courbes, avec un bec marqué. Les grains plats (4) sont beaucoup plus grands que chez les autres haricots. La plante est sensible au gel et n'est donc semée qu'en mai, le plus souvent avec un écartement de 50 × 100 cm ou en poquets de 5—7 grains. Le haricot d'Espagne a besoin d'être pollinisé.

4
3
2
1

Haricot de Lima
Phaseolus lunatus

Fabacées
Fabaceae

A l'origine, le haricot de Lima est une liane pérenne longue de plusieurs mètres, présentant une racine épaissie et des substances de réserve amylacées. C'est une plante aimant les températures élevées, originaire des zones tropicales et subtropicales des Antilles, d'Amérique centrale et d'Amérique du Sud. De par son origine géographique, le haricot de Lima appartient donc, comme le haricot commun et le haricot d'Espagne, au groupe américain. Rappelons qu'il existe aussi des haricots originaires du Sud-Ouest et du Sud-Est asiatique. Le nom haricot de Lima lui a été donné d'après la capitale péruvienne où les Européens ont découvert cette espèce au XVe siècle, dans d'anciens sites d'habitation indiens. De nos jours, les haricots de Lima sont cultivés dans les régions de climat doux partout dans le monde, mais assez rarement en Europe. Pourtant, ils se plaisent même en Europe centrale, à condition d'être plantés dans des endroits protégés. Comme toutes les plantes de la famille, le haricot de Lima porte sur ses racines des nodules renfermant des bactéries nitrogènes capables de fixer l'azote aérien. Le haricot de Lima est moins variable que l'omniprésent haricot commun, mais présente, comme lui, des formes hautes et basses. Dans la zone tempérée on cultive surtout les formes buissonnantes (1), le plus souvent à grain blanc. On consomme surtout les grains, plus ou moins mûrs, plus rarement les cosses entières. Aux États-Unis, cette espèce est particulièrement importante pour la conserverie.

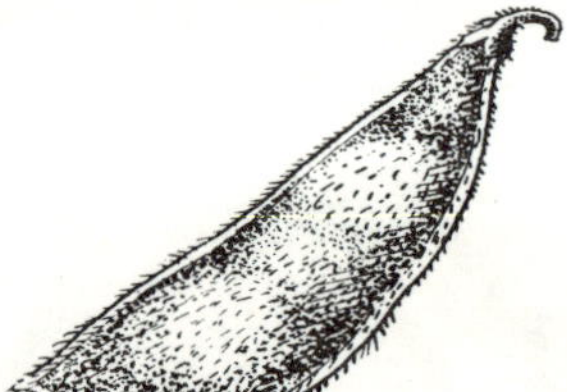

3

Le haricot de Lima est annuel dans nos pays. Comme le haricot commun, et au contraire du haricot d'Espagne, il a une germination épigée: les cotylédons sont alors portés au-dessus du sol. Il se distingue des deux espèces mentionnées par ses feuilles de petite taille couvertes d'une pellicule cireuse et ses fleurs, également plus petites, mais beaucoup plus nombreuses (20—30 fleurs par grappe). Les fleurs (2) sont blanches, verdâtres ou violettes. Les cosses ont une forme typique en croissant (3), elles sont courtes et larges, et renferment deux à quatre grains. Elles sont de couleur verte, rarement violacées. Les grains sont blancs, rosés à mauves, avec des stries radiales typiques (4). Ils ont une forme de coquille, de rein, parfois de sphère. Les grains immatures de tous les haricots contiennent un glucoside toxique, l'ohasine, qui se décompose à la cuisson. Le haricot de Lima se cultive de la même manière que le haricot commun.

1
2
4

Fève Fabacées
Faba vulgaris var. *major* *Fabaceae*

La fève compte parmi les plus anciens végétaux cultivés, car elle était déjà connue des hommes du néolithique. Les formes à gros grains sont originaires du Bassin méditerranéen, probablement du nord-est de l'Afrique, les formes à petits grains proviennent d'Afghanistan. On ne connaît pas cependant leurs ancêtres spontanés. La fève était cultivée déjà au IIe millénaire avant notre ère dans l'Égypte ancienne et ailleurs, en Afrique, en Asie, dans les péninsules ibérique et italienne, ainsi que dans la région du Danube. Elle a été souvent découverte dans les constructions sur pilotis suisses, datant de l'âge du bronze. Les Grecs lui vouaient un véritable culte, comme en témoignent les fêtes du dieu de la fève, célébrées dans son temple athénien au mois de juin. Les fèves ont pénétré en Chine depuis les régions occidentales au Ier siècle avant notre ère. Les Slaves cultivaient la fève en Russie du VIe au VIIIe siècle. Son aire de culture est donc très vaste. On la trouve en Asie centrale, au Pamir, à 2 400 m d'altitude. C'est une limite rarement atteinte par les végétaux cultivés. A l'origine, on ne consommait que les grains secs moulus en farine, par la suite, la fève fut également consommée à l'état frais. De nos jours, on cultive à cette fin la fève des jardins, var. *major.* En Europe occidentale, surtout en Angleterre, mais aussi en Asie et en Amérique, la fève est un légume très apprécié et constitue une matière première importante pour l'industrie de la conserverie. On récolte les cosses immatures et on prélève les grains à l'état laiteux. Ils contiennent alors une forte proportion de protéines importantes, légumine et albumine.

La fève est une plante annuelle, dotée d'une tige solide, anguleuse, peu ramifiée, haute de 60—80 cm et couverte de feuilles pennées et de fleurs groupées en courtes grappes (1). Les fleurs présentent une structure papilionacée typique; elles sont blanches, aux ailes tachées de brun-rouge. Le fruit est une cosse charnue (2) aux grains séparés par des cloisons charnues. On emploie surtout ici les grains encore verts. Ils sont plats (3), noirs à maturité, parfois aussi verts ou gris-blanc, et sont parmi les plus grands de toutes les espèces légumières.

La fève est une plante de jours longs et fleurit donc en avance dans les pays nordiques. Elle doit être semée tôt au printemps (on peut même la semer en hiver dans les régions de climat doux), directement en place, avec un écartement de 20—30 × 50 cm. Elle supporte un temps assez frais : les plantes, au moment de la germination, résistent à des gelées jusqu'à —4 °C. Elle ne nécessite aucune fumure azotée : comme toutes les plantes de la même famille, elle forme des nodules racinaires dont les bactéries fixent l'azote de l'air.

1
2
3

Soja Fabacées
Glycine soja *Fabaceae*

Le soja n'est pas connu à l'état spontané. Originaire d'Extrême Orient — Chine du Nord-Est et du Sud, Formose, Philippines — il commença à être cultivé en Chine il y a environ 4 500 ans. Les plus anciens écrits mentionnent même ses vertus médicinales. De nos jours, le soja est pour la Chine l'une des cinq cultures grainières les plus importantes. De Chine, il est passé en Inde, en Asie antérieure et en Afrique du Nord. L'Europe le connaît dès le XVIIe siècle, mais sa culture ne commence en France, en Angleterre et en Allemagne qu'après 1880. Les jeunes cosses peuvent être consommées vertes, mais le soja doit surtout son importance à sa qualité de légume sec: ses grains sont en effet la source la plus économique de protéines (30—40%) et d'huile (13—14%). De ce point de vue, il dépasse toutes nos plantes culturales. Il connaît de nombreux emplois comme aliment, comme plante médicinale et fourragère et comme culture technique. Il remplace la viande car ses protéines suffisent à fournir à l'homme tous les acides aminés nécessaires et il contient du phosphore et des vitamines. La farine de soja est utilisée en pâtisserie, la poudre de soja permet la fabrication de lait de soja. La caséine de soja donne du fromage de soja par fermentation, l'huile sert de matière grasse, la sauce de soja est un excellent condiment. Comme le soja ne contient pas d'amidon, il convient aux diabétiques. Les grains sont grillés, bouillis, ils sont source de cytéline, substance utilisée pour combattre l'artérosclérose, source de lécithine, base d'un substrat nutritif pour travaux bactériologiques et source de caséine végétale. Le soja entre dans la fabrication de savons, de laques et de peintures. Il constitue une base d'ensilage nutritive, une source de tourteau et un bon engrais vert.

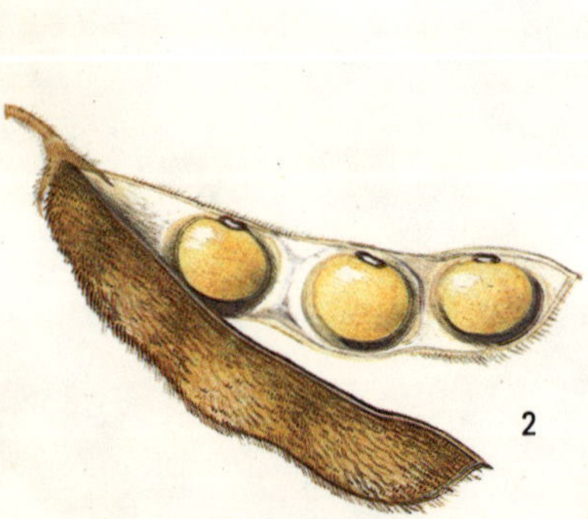
2

La plante forme une touffe annuelle, haute de 30—90 cm, toute duveteuse, avec de grandes feuilles trimères faisant penser à celles du haricot (1). Les fleurs de structure papilionacée sont groupées en bouquets. Elles sont petites, blanches à violacées. Les cosses sont rugueuses, avec des poils noirs. Elles contiennent de 1 à 4 grains sphériques, de couleur brun clair (2). La plante est nettement theromophile, elle ne supporte pas le gel, ne germe qu'aux environs de 10° C et exige une période végétative relativement lonque. Elle est fortement adaptée à un climat continental. Peu exigeante pour le sol, elle tire sa nourriture azotée de l'air grâce aux bactéries vivant dans les nodules racinaires (3). On sème le soja en mai, avec un écartement de 30—60 × 15—20 cm.

Tomate — Solanacées
Lycopersicon esculentum — *Solanaceae*

De nos jours, la tomate compte parmi les légumes les plus cultivés à la surface du globe. Pourtant, sa culture remonte à une date relativement récente. Originaire des vallées montagneuses des Andes péruviennes où elle était déjà cultivée par les Incas, la tomate a pénétré en Europe en même temps que la pomme de terre seulement après l'an 1500. Elle fut d'abord cultivée comme plante ornementale et toxique. En Europe centrale et occidentale, cette croyance s'est maintenue jusqu'à la fin du XVIIIe siècle, mais les Italiens consomment les tomates depuis 1560. Le plus ancien nom européen de la tomate, pomme d'amour, fait allusion aux vertus aphrodisiaques qu'on lui a longtemps prêtées. Dans d'autres langues, les noms font référence à l'or, au paradis : *pomidor, paradajka,* etc. Le nom le plus répandu à notre époque, tomate, *tomato,* etc. vient du mexicain *tomana* qui signifie pousser. La tomate spontanée a des fruits de la taille des groseilles. La forme cultivée s'est formée par fasciation, c'est-à-dire par soudure des carpelles. Les fruits sont de formes, de tailles et de colorations très variables : rouge intense, rose chair, jaunes, orangés voire presque blancs, ronds, allongés, anguleux, plats, piriformes (3), lobés, de la taille d'une cerise jusqu'à celle d'une grosse orange. Il est curieux de noter que les formes cultivées de la tomate n'ont pénétré en Amérique du Nord qu'à partir de l'Europe et nullement de l'Amérique centrale. Nous connaissons même la date précise de cette introduction : tout à fait tardive, elle remonte à 1812.

Dans nos conditions climatiques, la tomate est une plante annuelle. Ses feuilles sont divisées et elle est entièrement couverte de poils glanduleux (1) qui colorent en jaune au moindre contact. Les fleurs jaunes sont groupées en cymes bipares (2), les fruits sont des baies, les graines sont velues (4). La forme originelle est de port couché. Fortement ramifiée, haute de 180—250 cm, elle nécessite une taille et un tuteurage, ainsi qu'un écartement de 70 × 100 cm. Les variétés naines buissonnantes, hautes de 40—70 cm, mûrissent dans un temps plus court et peuvent être plantées à 50 × 50 cm d'intervalle. La tomate demande une abondance de chaleur et de soleil ; elle est détruite par la plus faible gelée. Elle est cultivée exclusivement à partir de plants repiqués en mai. Dans les pays plus rudes ou en hiver, elle se plaît en serre, sous abri ou sous tunnel de plastique. Les fruits sont riches en provitamine A, en vitamine B et surtout en vitamine C. Les fruits encore verts contiennent un alcaloïde toxique, la solanine, concentrée surtout dans la peau. Les tomates sont abondamment utilisées dans l'industrie alimentaire : elles servent à la fabrication de jus, de concentré, de purée, de ketchup et peuvent être conservées par le froid.

2

1

Poivron — Solanacées
Capsicum annuum — *Solanaceae*

Le poivron est originaire des régions tropicales et subtropicales d'Amérique centrale. Après la découverte de l'Amérique, il s'est disséminé en Europe et sur les autres continents à partir de Haïti. La première mention qui en est faite le considère comme un aromate et date de l'expédition de Christophe Colomb, en 1499. La force du piment apparaît dans ses différents noms : *paprica,* piment ou *pepper,* cette dernière appellation, anglo-saxonne, confondant notre légume avec le poivre vrai. De nos jours, on distingue le piment-légume (poivron) et le piment-aromate. Les variétés employées comme légumes se distinguent par une grande richesse de tailles et de formes, par la variété des couleurs et par l'épaisseur de la chair. Leur culture s'est progressivement étendue de l'Europe méridionale aux autres pays européens, mais seulement aux XVIIIe et XIXe siècles. Quant à l'intérêt commercial de ce légume, il ne date que des lendemains de la Deuxième Guerre mondiale. Les fruits verts sont le légume le plus riche en vitamine C et contiennent une faible quantité de provitamine A. Dans les fruits mûrs, la teneur en provitamine A est multipliée par dix. Les poivrons peuvent être consommés crus, cuits de différentes manières ou en conserve. Leur coloration est fort décorative. Le piment contient une essence brûlante, la capsaïcine. A côté des variétés fortes, cultivées surtout dans les pays méridionaux, il existe des variétés douces, appréciées dans l'Europe occidentale et septentrionale.

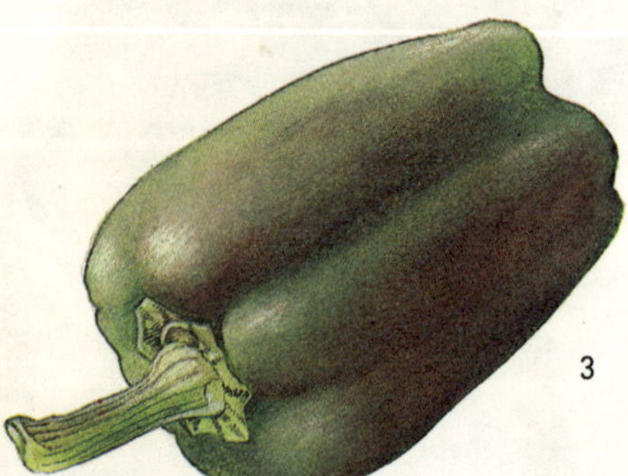

3

Cultivé dans la zone tempérée, le poivron est une plante annuelle. Les sujets atteignent 30—80 cm de hauteur (1). Les fleurs blanches (2) se transforment en fruits dressés ou retombants, des baies d'abord charnues, plus tard sèches, dont la taille varie de 2 à 20 cm. Leur forme est également variable : elles peuvent être parfaitement sphériques, en forme de tomate, coniques ou pyramidales voire fortement allongées. L'épaisseur de la paroi atteint 1 cm dans le meilleur des cas. Les poivrons qui n'ont pas atteint leur maturité sont vert clair, vert sombre (3) ou jaunes ; à maturité, ils deviennent jaunes ou d'un rouge plus ou moins intense (4). Le poivron est une plante qui aime les températures élevées, il souffre dès qu'elles descendent au-dessous de 10 °C et gèle au-dessous de 0 °C. Sa culture en pleine terre n'est donc possible que dans les régions

1

2

chaudes. On emploie exclusivement des plants élevés par avance et repiqués à 30 × 40 cm d'intervalle. On récolte les poivrons soit verts (ayant atteint la taille maximale, mais non encore mûrs), soit rouges, à pleine maturité. Dans les régions au climat relativement froid, on peut cultiver à l'extérieur certaines variétés très précoces, ou recourir à un abri de plastique ou à une serre pour les variétés plus tardives.

4

Aubergine Solanacées
Solanum melongena *Solanaceae*

Nous ignorons et le lieu d'origine et l'époque à laquelle l'aubergine a commencé à être cultivée à des fins alimentaires. Tout laisse à penser que ce fut en Inde, avant le commencement de l'ère chrétienne. L'Inde orientale recèle encore de nos jours plusieurs formes spontanées de ce légume. C'est clairement tout au début de notre ère que l'aubergine quitta l'Inde pour se disséminer dans les autres parties du globe. Au Xe siècle, le philosophe, médecin et naturaliste Avicenne lui donne le nom de «badingane», nom qui se transformera peu à peu en «baklajan» dans les pays d'Europe orientale. Dans un grand nombre d'autres langues, surtout d'origine anglo-saxonne, le nom comporte l'idée d'œuf, allusion à la forme ovoïde du fruit. Notons que l'aubergine était inconnue aussi bien des Grecs que des Romains. En Chine, elle est mentionnée dès le IXe siècle. Sa culture en Europe remonte aux XIIIe et XIVe siècles, où elle s'est d'abord implantée en Italie et en Espagne, avant de passer au XVIe siècle en France, en Grèce et en Bulgarie. Elle fut introduite en Amérique par les colons espagnols. De nos jours, elle est principalement cultivée en Chine, au Japon, en Inde, en Iran et en Turquie où l'on trouve aussi le plus grand nombre de variétés. L'aubergine est peu cultivée sur les autres continents, sans doute à cause de ses possibilités culinaires assez restreintes. On ne la consomme jamais crue, mais bouillie, sautée ou frite.

C'est une plante annuelle dans la zone tempérée, où elle atteint 70—100 cm de hauteur (1). Toute la plante a une couleur glauque et un port dressé. La face inférieure des feuilles et les tiges sont fortement velues. Les grandes fleurs violettes (2, 3) donnent naissance à des baies charnues plus ou moins longues (jusqu'à 30 cm environ). Les différentes variétés se distinguent les unes des autres par la durée de la période végétative et par la morphologie du fruit. Celui-ci a une forme ovoïde caractéristique : il est allongé, en forme de goutte. On connaît des aubergines blanches, jaune clair, diversement striées jusqu'à violet sombre. Très brillantes, elles ont un caractère décoratif certain. L'aubergine aime la chaleur et on ne peut la cultiver qu'à partir de plants élevés à l'abri. Les plants sont repiqués à des intervalles de 50 × 50 cm. C'est une plante qui exige un excellent éclairement. Dans les régions fraîches, on ne peut la cultiver qu'à l'abri, en serre ou sous plastique. Les fruits se récoltent lorsqu'ils atteignent leur taille adulte et qu'ils commencent à devenir mous, quelque 4—5 semaines avant leur maturité complète qui se caractérise par le brunissement des graines. Les aubergines se meurtrissent facilement et on doit les manipuler avec soin.

2
1
3

Concombre Cucurbitacées
Cucumis sativus *Cucurbitaceae*

Les concombres sont originaires de la partie septentrionale des Indes. Leur ancêtre direct est, selon toute probabilité, l'espèce à petits fruits *Cucumis hardwickii,* que l'on trouve jusqu'à nos jours à l'état sauvage sur les contreforts de l'Himalaya. La culture des concombres et des cornichons était déjà pratiquée il y a trois mille ans en Inde et en Égypte. En Europe, les concombres à gros fruits sont apparus d'abord à Rome, aux environs du Ve siècle avant l'ère chrétienne. Comme chez la plante sauvage d'origine, ces concombres avaient un goût amer. Ceux du type actuel ont commencé à être cultivés en Europe seulement aux XVIe et XVIIe siècles et se sont progressivement étendus à toute la zone tempérée. Les concombres se plaisent dans les régions de climat doux, à l'abri ou en serre, sous châssis ou sous abri de plastique. De nos jours, ils sont parmi les plus importants légumes de forçage. Les substances amères, les cucurbitacéines, passent de la plante dans le fruit lorsque la croissance s'arrête par suite de conditions défavorables (sécheresse, froid, manque de substances nutritives) ou par suite d'une maladie. Depuis quelques années, les recherches génétiques nous ont donné des variétés sans amertume. Les concombres se répartissent en plusieurs groupes bien délimités selon qu'ils sont destinés au forçage, à la culture sous châssis ou sous abri de plastique, à la culture en pleine terre. Les concombres à forcer ne peuvent être cultivés qu'à partir de plants. On doit leur procurer un support et guider leur croissance et leur fructification par la taille. La valeur énergétique des concombres est très basse car ils contiennent de 95 à 98 % d'eau.

Le concombre est une plante annuelle présentant une tige ramifiée, rampante, longue de plusieurs mètres (1). Il s'accroche à son support à l'aide de vrilles simples. Son système racinaire, très superficiel, est fragile. Il craint le manque de chaleur, d'humidité et de substances

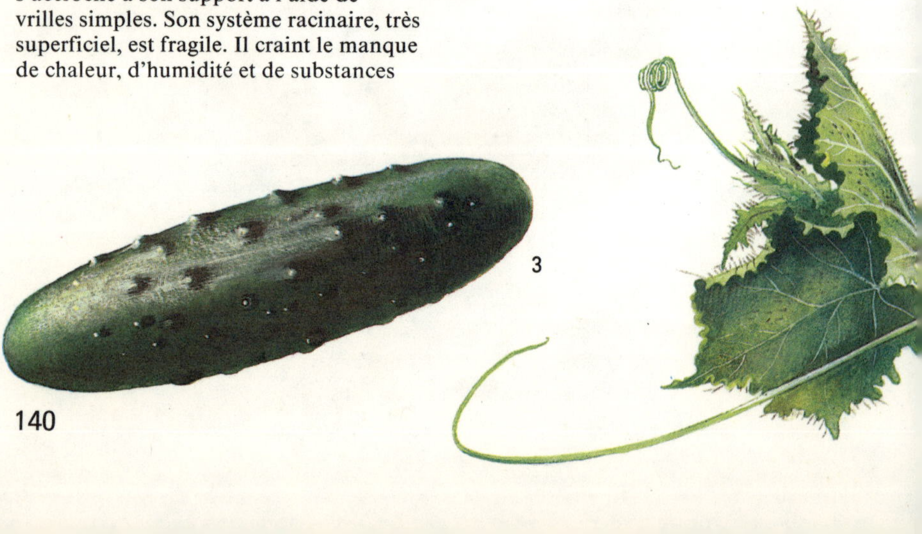
3

2

nutritives dans le sol. La température de culture optimale est de 30 °C, la croissance s'arrête à 10 °C. Le concombre était à l'origine une plante monoïque, ce qui signifie que la même plante portait des fleurs mâles et des fleurs femelles. Les variétés hybrides nouvelles sont femelles et, de ce fait, plus productives et plus précoces. Les concombres de plein champ doivent être pollinisés par les insectes, les variétés de serre et de châssis sont parthénocarpes, autrement dit, leurs fruits se forment sans fécondation. Le concombre est une baie charnue de forme allongée (3). Les péponides des concombres de serre sont longues et fines (2). Lorsqu'on laisse des fruits mûrs sur la plante, la formation de nouvelles péponides s'arrête. En pleine terre, les concombres se cultivent à des écartements de 20 × 100 cm, en serre sur support à un écartement de 50 × 50 cm.

1

Cornichon Cucurbitacées
Cucumis sativus *Cucurbitaceae*

Les cornichons ne se distinguent des concombres que par leur intérêt économique. La distinction entre les deux formes est d'ailleurs relativement récente, puisqu'elle ne date que du XXe siècle et elle est surtout due aux exigences différentes des industriels et des consommateurs. Il existe plusieurs formes de transition entre les concombres et les cornichons. Très répandues il y a quelques décennies, elles tendent à disparaître de nos jours. Les cornichons se distinguent des concombres par l'apparition plus précoce d'un grand nombre de fruits. Ceux-ci restent relativement petits et se consomment avec leur peau, après une conservation soit par fermentation lactique, soit par stérilisation. On peut aussi les confire dans le vinaigre. Dans toute la zone tempérée, les cornichons comptent actuellement parmi les légumes de conservation les plus importants. Cultivés à des fins commerciales, ce sont exclusivement des formes de pleine terre. La récolte se fait progressivement après environ 8 semaines de culture et à des intervalles réguliers de 2 à 3 semaines. La cueillette des fruits déjà développés favorise la formation de nouveaux cornichons (la capacité de remonter). Lorsque ces fruits mûrissants sont laissés sur la plante, celle-ci s'arrête de fleurir et la formation des fruits est terminée. Les conserveries demandent surtout de petits fruits, ne dépassant pas 5 cm de longueur. Les fruits dépassant 12 cm ne peuvent pas être stérilisés. Par contre, les cornichons destinés à la fermentation lactique (cornichons à la russe) doivent être plus gros et plus juteux. Bien entendu, les cornichons qui sont trop gros pour la conservation peuvent être consommés en salade comme les concombres. Le cornichon est un légume relativement pauvre tant en vitamines qu'en calories.

La plante se distingue de celle du concombre par sa taille plus petite et son port plus ramassé. Les tiges (1) ne dépassent pas 2 m et les fruits sont également plus petits, avec une longueur de 25—30 cm maximum à maturité complète (4). Les cornichons sont moins exigeants que les concombres pour ce qui est de la température et se plaisent donc aussi dans des régions relativement fraîches. On les sème directement en place à une distance de 20—30 cm × 100 cm. A l'origine monoïques (avec des fleurs mâles (2) et femelles (3) sur le même pied), les cornichons cultivés actuellement sont, grâce à la sélection génétique, à fleurs uniquement femelles.

Ils présentent, de plus, plusieurs fleurs à l'aisselle de chaque feuille et ces fleurs sont parthénocarpes (la formation des fruits se fait sans fécondation). Les sujets présentant ces propriétés ont l'avantage de produire un plus grand nombre de fruits au même stade d'évolution à la fois, ce qui permet de diminuer le nombre des récoltes voire de s'en tenir à une seule récolte mécanisée.

4

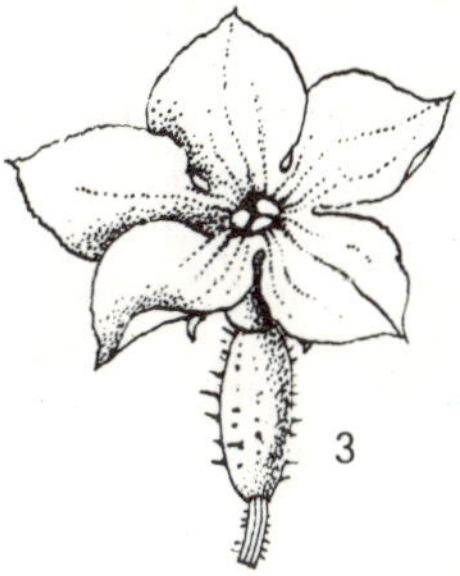
3

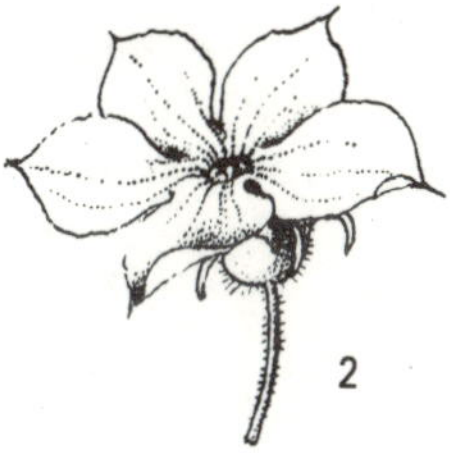
2

1

Melon Cucurbitacées
Cucumis melo *Cucurbitaceae*

Bien des indices permettent de penser que le melon est originaire des régions subtropicales de l'Afrique. La multiplicité de ses formes en Asie, et surtout en Inde, en Iran, dans la partie asiatique de l'U.R.S.S. et en Chine a longtemps fait penser qu'il était apparu dans ces régions. Actuellement, les opinions s'accordent plutôt pour dire qu'il ne s'agit là que d'un centre de développement secondaire où le melon a été introduit par la main de l'homme. C'est une plante qui était probablement inconnue des Grecs et des Romains de l'Antiquité, et il fallut attendre le Ve siècle de notre ère pour le voir se répandre dans tout le Bassin méditerranéen, favorisé en cela par les progrès de l'Islam. L'Europe occidentale connut le melon au XVe siècle, où il fut rapporté par des missionaires italiens d'Arménie et cultivé dans le jardin papal de Cantalupe. Tout un groupe de variétés à côtes bien marquées a conservé le nom de cantaloup jusqu'à nos jours. En Europe orientale, la culture du melon remonte à une époque très reculée : sa présence est attestée en Crimée dès les IVe—IIe siècles avant l'ère chrétienne. Il a également connu une grande popularité en Amérique où il semble avoir été présent au moment de l'arrivée de Christophe Colomb. De nos jours, on rencontre le melon pratiquement dans tous les pays méridionaux. Sa culture est tout aussi possible en Europe centrale, sous serre, sous châssis ou sous abri de plastique. Le melon se distingue de la pastèque (cf. p. 146) par ses feuilles arrondies, ses fruits plus petits présentant une cavité centrale et une pulpe aromatique. La cavité renferme quelque 200—300 graines allongées de couleur claire (3). Le fruit contient 6—8 % de sucres. Le melon exige moins de chaleur que le melon d'eau (pastèque).

Le melon est une plante annuelle, couchée, atteignant 150 cm de longueur, fortement ramifiée, présentant des feuilles arrondies (1) et des vrilles. Plante de chaleur, elle est détruite par la moindre gelée et son assimilation s'arrête au-dessous de 10 °C. La culture se fait à partir de plants repiqués à 60 × 100—120 cm d'intervalle. La floraison est le plus souvent monoïque, les fleurs mâles étant toujours 10—20 fois plus nombreuses que les femelles, qui commencent à fleurir plus tard. Certaines variétés présentent cependant des fleurs hermaphrodites. Allogames, elles doivent être fécondées par le pollen provenant d'un autre individu. Le fruit est une grosse péponide (2) de forme variable, sphérique, allongée à serpentoïde, pouvant atteindre 1 m de longueur. La surface en est marquée d'une résille liégeuse, couverte de verrucosités, lisse (type maltais) ou à côtes (type cantaloup). La chair est jaune, orangée ou blanc-vert. A côté des variétés précoces destinées à la consommation immédiate, on trouve en Europe du Sud et du Sud-Est, ainsi qu'en Asie, des variétés d'hiver destinées à la conservation. Pour augmenter la précocité, on greffe parfois les plants de melon sur la courge.

Pastèque, melon d'eau Cucurbitacées
Citrullus vulgaris *Cucurbitaceae*

L'ancêtre spontané de la pastèque provient d'Afrique tropicale. Les formes cultivées de la pastèque sont apparues sur le pourtour du Bassin méditerranéen aux environs du Xe siècle avant notre ère. On pense généralement que l'Inde constitue ici aussi un centre de développement secondaire. La dissémination de la pastèque en Europe s'est faite en grande parie grâce aux conquêtes turques. Dès le XVIe siècle, on a pu trouver des pastèques sur le territoire de la Hongrie et de sa Slovaquie actuelles. De nos jours, cette espèce est distribuée dans la zone chaude de tous les continents. Sa culture est très importante surtout dans les pays balkaniques, en U.R.S.S. et aux États-Unis. Elle doit son extension notamment à sa culture relativement simple, à son haut rendement et, pour une grande part aussi, à sa facilité de transport. En comparaison avec le melon, la pastèque est une espèce beaucoup plus exigeante pour ce qui est de la température. On ne peut donc entreprendre avec succès sa culture que dans les régions les plus clémentes, et seulement à partir de plants. On aura tout intérêt à recouvrir le sol environnant de feuilles de plastique et à abriter temporairement les sujets à l'aide de protections plastiques plus ou moins rigides. Sous les climats plus rudes, on peut hâter la production en greffant les jeunes sujets de pastèque sur la courge dont le système racinaire résiste mieux au froid et aux maladies transmises par le sol. Les fruits contiennent de 8 à 10 % de sucres. Son goût et ses emplois font de la pastèque, comme d'ailleurs aussi du melon, plus un fruit qu'un légume.

C'est une plante annuelle, rampante. Les tiges (1), longues de 100 à 250 cm, portent des vrilles ramifiées et des feuilles fortement découpées (2) assez peu couvrantes.
Le système racinaire fortement développé a une forte capacité d'absorption ce qui assure à la plante l'apport d'eau dont elle a besoin. Les sujets sont monoïques, les fleurs femelles étant à peu près 10 fois moins nombreuses que les mâles. La couleur des fleurs est jaune pâle. Les fruits sont de grosses baies charnues, sphériques,

ovales, piriformes à courtement cylindriques, protégées par une peau vert sombre, vert clair ou marbrée, toujours brillante. Les variétés précoces ont des fruits plus petits, ne dépassant pas 15—20 cm. Chez les variétés plus tardives, les fruits atteignent jusqu'à 40 cm et peuvent peser plusieurs kilogrammes. La pulpe est rouge rosé, plus rarement jaune ou blanche. Les fruits (3) ne présentent pas de cavité et les graines brun sombre à noires (4) sont distribuées dans toute la couche interne de la pulpe. Une pastèque mûre sonne creux lorsqu'on la frappe et n'est pas couverte de rosée le matin.

2

4

3

Potiron, courge Cucurbitacées
Cucurbita maxima *Cucurbitaceae*

Pendant longtemps, on a pensé que l'Ancien Monde était le berceau du potiron. Cependant, les découvertes touchant l'Égypte ancienne qui étayaient cette thèse concernaient les gourdes et d'autres plantes de la famille des cucurbitacées et non spécifiquement le potiron. Des recherches récentes prouvent, par contre, de façon indiscutable l'origine américaine de cette espèce. Le potiron provient du Pérou où sa première découverte peut être datée des environs de 1200 avant J.-C. Il pénétra en Amérique du Nord avec l'arrivée des Européens et c'est là qu'il se diversifia le plus, tant du point de vue des formes que des usages qu'on peut en faire. De nos jours, le potiron est cultivé sur tous les continents jusqu'à une latitude de 60° Nord, et ce, même en altitude. En Europe, on le trouve surtout dans le Bassin méditerranéen, dans les Balkans et en U.R.S.S. Les grosses péponides à la chair dense, d'un orange intense, se consomment à pleine maturité et ne sont donc récoltées que juste avant l'arrivée du gel. On en fait des compotes, des mets chauds, des farces de gâteaux. Le potiron est également utilisé pour l'alimentation du bétail. Les fruits mûrs sont riches en sucres et en carotène (provitamine A), mais pauvres pour ce qui est des autres vitamines. Les graines plates sont parmi les plus grandes de tous les légumes. Leur richesse en huile et leur goût agréable font qu'elles sont volontiers consommées.

Le potiron est une plante annuelle. La plupart des variétés forment des tiges (1) pouvant atteindre 10 m de longeur. On les cultive à des distances de 100 × 200 cm. Les grandes feuilles palmées sont très décoratives. C'est une plante de climat chaud, détruite par la moindre température au-dessous de 0 °C. Par contre, sa croissance et sa fructification sont très rapides, ce qui permet de l'employer même dans les régions de climat relativement défavorable. On sème directement en place, au mois de mai, lorsque tout risque de gel est passé. La plante est monoïque et porte de grandes fleurs orangées mesurant 12—15 cm de diamètre. Les lobes de la corolle sont arrondis et les fleurs mâles (2) prédominent sur la plante. La taille et la forme des fruits sont très variables : sphériques (3), aplatis,

pointus, ou en turban, lisses, à côtes, verruqueux, brun clair, oranges ou vert sombre. Certains sont les plus gros de tout le règne végétal : leur masse peut dépasser plusieurs dizaines de kilogrammes. Le potiron se distingue des autres courges par ses tiges juteuses, à la section arrondie, comme le sont, d'ailleurs, les pédoncules. Le pédoncule du fruit mûr est élargi en massue (4).

3

2

1

4

Courgette *Cucurbita pepo*

Cucurbitacées
Cucurbitaceae

Cette espèce a pour génocentre le Mexique méridional ou la partie septentrionale de l'Amérique Centrale. C'est l'une des courges les plus anciennement connues, dont la plus vieille découverte provient du VIIe au Ve millénaire avant notre ère. La courgette a des emplois variés. Verte, elle est consommée comme légume, mûre, elle est considérée comme ornementale ou oléagineuse. Elle est surtout appréciée aux États-Unis et en Europe méridionale et orientale. Comme légume, on récolte les fruits avant maturité et on en fait soit des mets purs, soit des plats mélangés avec de la viande et d'autres ingrédients. Les fruits les plus fins sont ceux qui ne dépassent pas 10 cm et où on voit encore souvent les restes de la corolle. Les courgettes qui ne dépassent pas 20—25 cm sont également bonnes à consommer, mais les fruits mûrs ont une peau dure et une chair moins savoureuse que celle du potiron. On les consomme en les faisant cuire, parfois même en compote. Il faut récolter les courgettes deux à trois fois par semaine car elles mûrissent très vite et empêchent la formation de nouveaux fruits sur la plante.

La courgette oléagineuse appartient à la même espèce botanique. C'est une plante rampante cultivée pour ses graines qui contiennent 45—48 % d'huile. Ces graines n'ont qu'un mince tégument membraneux et il n'est pas nécessaire de les peler.

La plante est annuelle. Certaines variétés sont rampantes, mais la plupart sont buissonnantes, hautes d'environ 50 cm, sans rejets et sans vrilles. Toute la plante est plus rude que l'espèce précédente. Elle se caractérise par une tige anguleuse comme l'est aussi le pédoncule. Les feuilles sont pointues, diversement découpées, souvent très décoratives par leur surface mouchetée. Les fleurs mâles (3) et femelles (2) d'une plante monoïque ont les lobes de la corolle pointue. Les fruits sont cylindriques, couleur crème (variétés d'Europe orientale), vert sombre ou striés (courgettes, zucchini, Europe méridionale, Amérique, ill. 1), en forme de disque crème ou orangé (pâtissons, ill. 4), piriformes à col mince et à surface verruqueuse (5). Cette espèce a les mêmes

exigences de culture que le potiron, mais peut être cultivée même dans les régions où la période végétative est plus courte, car on récolte les fruits avant leur maturité. L'écartement est de 70 × 100 cm. On peut obtenir de forts rendements, même en faisant un semis direct début juin.

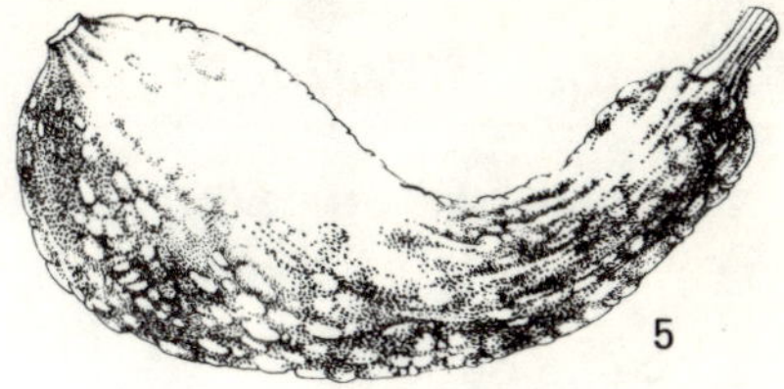

Gourde, calebasse — Cucurbitacées

Lagenaria siceraria (vulgaris) — *Cucurbitaceae*

La calebasse est originaire des régions tropicales d'Afrique et d'Asie, où elle est toujours abondamment cultivée. Elle était déjà connue dans l'Égypte ancienne, bien plus tôt que la courge centre-américaine ou le potiron et la citrouille musquée. Jusqu'au XVIe siècle, elle était souvent confondue avec les courges. Mais les possibilités d'emploi plus larges de ce groupe ont fait que la gourde s'est peu à peu vue supplantée. Elle se distingue par la forte variabilité des fruits. Comme légume on emploie les jeunes fruits juteux, surtout des espèces indiennes, à la chair fine et tendre. Comme pour les courgettes, on peut les consommer en salade, en mets chauds, on peut en faire des confitures ou les confire au sel ou au vinaigre. Les autres variétés ont une pulpe amère et servent dans les régions tropicales et subtropicales à des fins techniques. Dans leurs pays de culture, les fruits sont utilisés après élimination de la pulpe comme bols, pots, bouteilles ou autres récipients pour l'eau ou le vin, comme flotteurs, ou servent à la fabrication d'instruments de musique, souvent ornementés d'inscriptions ou de motifs gravés. Dans les régions fraîches, la calebasse ne peut être cultivée que sous serre ou dans un lieu abrité. Dans les pays plus méridionaux, elle est souvent cultivée comme plante ornementale, couvrant rapidement treillis, pergolas ou tonnelles.

La calebasse est une plante annuelle voisine de la courge. Elle forme des tiges grimpantes longues de plusieurs mètres, portant des vrilles et des feuilles cordiformes (1). Toute la plante est couverte de trichomes denses et doux, dégageant un parfum de mûrier. Elle est monoïque. Les fleurs blanches sont longuement pédonculées et très éphémères. Les fruits sont vert-jaune, blancs ou panachés, de formes très diverses : en poire (var. *piriformis*), globuleux (var. *sphaerica*), en ampoule à col long et étroit (2, 3), en massue (4) ou en longue bouteille atteignant jusqu'à 1 m (var. *longissima*). La calebasse aime beaucoup la chaleur, elle est détruite par le gel et endommagée par les basses températures. On aura intérêt à repiquer de jeunes plants, que l'on plantera à 70 cm d'intervalle si on veut les faire grimper sur un support. Dans le cas contraire, on les espace de 100 × 200 cm. Les graines de couleur grise et de forme typique (5) ne parviennent généralement pas à maturité dans nos pays.

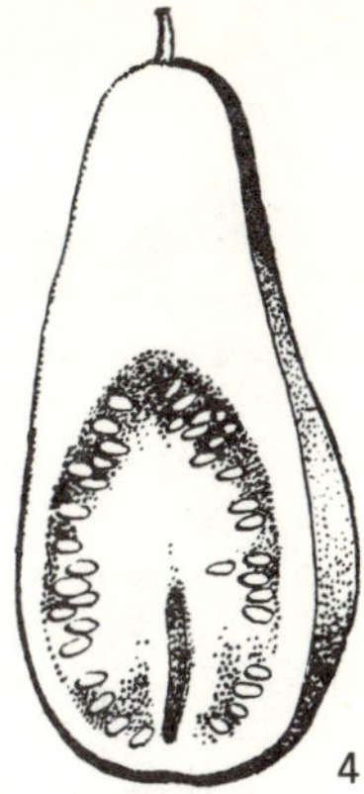

4

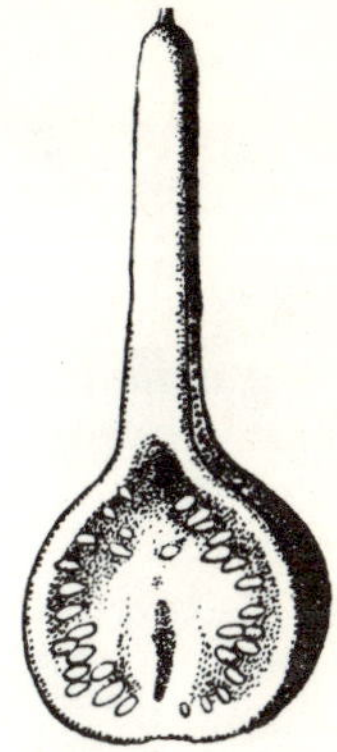

3

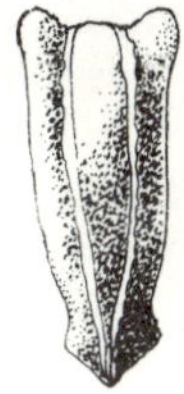

5

2

1

Luffa, courge-torchon Cucurbitacées
Luffa cylindrica *Cucurbitaceae*

Parmi les espèces connues de luffa, on cultive le plus souvent *Luffa cylindrica* et *L. acutangula.* Ce sont des plantes originaires de l'Asie tropicale du Sud-Est, qui sont de nos jours cultivées dans les zones tropicales, subtropicales et dans les régions chaudes de la zone tempérée du monde entier. Le luffa se naturalise facilement dans toutes les régions chaudes, y compris les parties méridionales de l'Europe centrale. On le cultive souvent dans les serres comme plante ornementale. On utilise les fruits en forme de massue. Encore verts, ils constituent un bon légume, préparé à la manière du concombre. Sous la peau membraneuse et fine des fruits mûrs se cache un dense réseau de faisceaux vasculaires cellulosiques. Une fois le fruit sec, on élimine les graines et les parties membraneuses. Ce qui reste du fruit est employé à des fins techniques. Le réseau souple et solide (3) sert à la fabrication d'éponges, de semelles de chaussures, de rembourrage de selles ou de chapeaux, etc. C'est surtout *L. cylindrica* qui est employé de cette manière. En Europe, le luffa est surtout cultivé en Bulgarie et en Grèce, mais sa culture est possible dans toutes les régions viticoles lorsqu'on s'intéresse aux fruits verts. Selon la forme des fruits, on distingue les variétés en massue, allongées, en zigzag, en fuseau, piriformes ou droites. Les graines plates, noires et mates, plus petites que celles des courges, contiennent plus de 20 % d'huile que l'on extrait par pression.

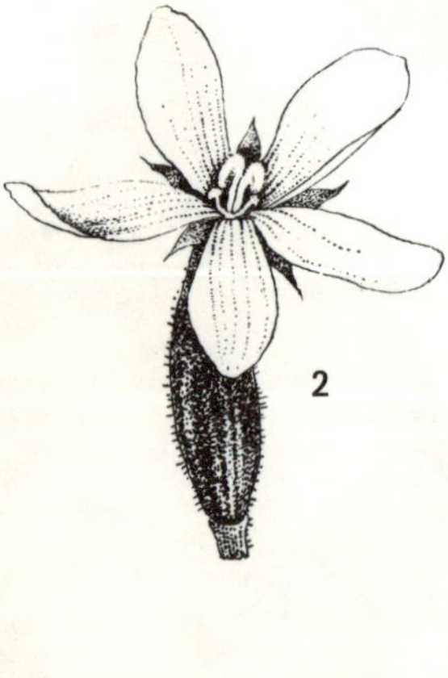
2

Le luffa est une plante herbacée annuelle. Ses tiges grimpantes sont longues de plusieurs mètres. Elles portent des feuilles lobées et des fleurs jaune clair, monoïques, plus petites que chez les autres membres de la famille. L'ovaire infère des fleurs femelles (2) se transforme en un fruit allongé, toujours aminci vers le pédoncule, de forme rappelant un gros concombre (1). Les fruits mûrs ont une peau sèche, brun sombre, tout à fait typique, recouvrant un enchevêtrement de faisceaux vasculaires. Le luffa est une plante de climat chaud; il est détruit par le gel et son développement s'arrête quand la température s'abaisse aux environs de 0 °C. On le cultive exclusivement sur un support : treillis, grillage, tonnelle. On repique alors les plants préalablement élevés à l'abri en lignes, avec un intervalle d'environ 70 cm. On aura intérêt à protéger les jeunes sujets contre les basses températures. En Europe centrale, les graines des sujets cultivés en pleine terre ne parviennent généralement pas à mûrir.

3

1

Bénincase
Benincasa cerifera

Cucurbitacées
Cucurbitaceae

La bénincase est originaire d'Indochine. C'est un légume important dans les régions tropicales où on en cultive plusieurs formes aux fruits d'aspect différent. C'est une plante de pays chauds et tous les essais d'acclimatation en pleine terre se sont montrés vains pour le moment, même en Europe méridionale. Elle ne se plaît que dans les stations les plus chaudes ou en serre. On la cultive souvent à titre ornemental. Son aspect extérieur rappelle la courge. Les fruits mûrs sont couverts d'une pellicule cireuse, ce qui lui vaut le nom de «courge à cire» dans différentes langues. Elle est aussi parfois surnommée courge d'hiver, car les fruits se conservent plusieurs mois sans perte de qualité, surtout lorsqu'il s'agit des variétés à fruits cylindriques pouvant atteindre 1 m de longueur. On consomme comme légume les variétés dont les fruits cylindriques présentent un léger étranglement en leur milieu, et on n'emploie que les jeunes fruits encore couverts d'un duvet argenté. Leur goût rappelle le concombre ou les types peu sucrés de melons tropicaux *(Cucumis melo)*. On les prépare soit en les faisant cuire, soit par conservation.

Il s'agit d'une plante annuelle à la tige forte, quadrangulaire, rampante, couverte d'un duvet mou, comme les feuilles (1). Notons la présence de vrilles. Les grandes fleurs jaunes sont monoïques : la même plante porte des fleurs mâles (2) et femelles. Les grands fruits (50—70 cm de long) atteignent jusqu'à 50 kg. Gris-vert, ils sont couverts d'un duvet rugueux, et d'une pellicule de cire bleutée à maturité (3). La pulpe est blanche, dense et juteuse (4).
La bénincase demande un sol chaud, nutritif, riche en humidité. Les jeunes plants sont élevés sous châssis à 20 °C et les sujets sont repiqués par deux à quatre à 150 × 200 cm d'intervalle. On a intérêt à pincer la tige centrale car les tiges latérales produisent des fruits plus gros. En serre, les péponides peuvent être récoltées à partir de juillet.

4
2
1
3

Ocra, gombo Malvacées
Hibiscus esculentus *Malvaceae*

On ne sait trop si l'ocra a pour patrie d'origine l'Inde, l'Amérique ou l'Afrique. On pense que sa culture a commencé au moins deux mille ans avant notre ère. L'ocra est venu en Europe à partir de l'Asie Mineure, comme l'indique le nom arabe *bamiah,* repris par un grand nombre d'autres langues. De nos jours, l'ocra est cultivé, assez peu souvent, il faut bien l'avouer, sur un vaste territoire qui comprend toutes les régions tropicales et subtropicales, mais surtout en Asie antérieure, en Asie centrale et en Asie occidentale. Les variétés de couleur rouge sont d'origine syrienne, les autres sont vertes. On consomme les fruits, des capsules récoltées progressivement à l'état jeune, c'est-à-dire 3—5 jours après la floraison, au moment où les graines commencent à se former. De consistance mucilagineuse, elles sont fines et croquantes. Les fruits trop mûrs perdent leur finesse et leur qualité. Les gombos servent à préparer des potages aromatiques, des sauces et d'autres mets. On les ajoute aux mélanges de légumes surgelés ou on les conserve par stérilisation. Les graines sèches torréfiées sont parfois employées comme le plus fin des succédanés de café. Les fruits de certaines variétés peuvent être séchés et employés seulement en hiver, les fruits frais ne supportent ni le stockage ni un transport prolongé.

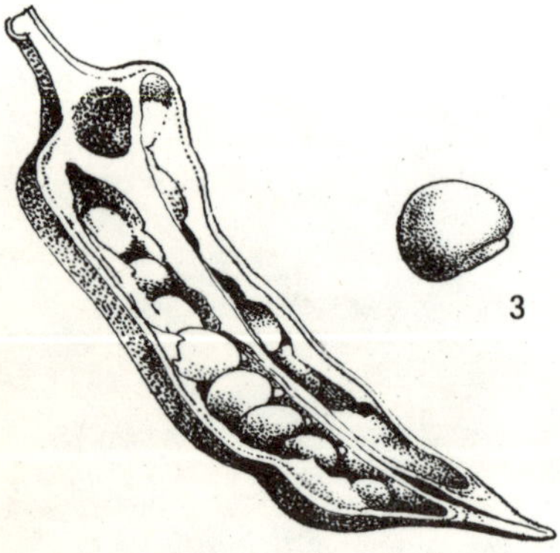

3

2

L'ocra est une plante annuelle, faiblement ramifiée, haute de 50—250 cm. La tige est couverte de poils épineux, les feuilles sont grandes, pentalobées, avec une nervation apparente sur la face inférieure (1). Les plantes sont vertes, ou entièrement rouge-violet du fait de la présence d'anthocyanes. Les fleurs solitaires sont grandes, d'un jaune de paille ou rouges. Les fruits sont des capsules pointues, longues de 6—10 cm, charnues, présentant une striation longitudinale en

relief. Elles sont pluriloculaires et contiennent un grand nombre de graines (2, 3). Elles éclatent à maturité. L'ocra est une plante demandant beaucoup de chaleur. Il ne germe qu'aux environs de 15 °C. Dans les pays chauds, on le sème au début de mai, mais on a tout intérêt à repiquer des plantes élevées à l'abri, à des intervalles de 30 × 50 cm. Il demande un sol fertile et une abondance d'humidité. La récolte commence trois mois après le semis et on ramasse les capsules progressivement jour après jour

Oignon commun
Allium cepa

Liliacées
Liliaceae

L'oignon commun est le plus ancien légume à bulbe. Originaire d'Asie occidentale — Pakistan, Afghanistan et Iran, il est encore récolté à l'état sauvage dans ces pays. On sait que les Sumériens le cultivaient déjà il y a 6000 ans. D'Asie, l'oignon est passé en Égypte, où il est présent dans les découvertes archéologiques provenant de 3000 ans avant notre ère, puis il est passé par la Grèce et par Rome dans l'Europe occidentale et centrale. On pense aussi qu'il a dû traverser la Palestine pour passer en Inde, où ses vertus médicinales sont reconnues depuis des temps immémoriaux. Cependant, son odeur intense fait que les Bouddhistes l'évitaient. De nos jours, l'oignon est cultivé du cercle polaire jusqu'aux pays tropicaux. Il se plaît surtout dans les régions douces de la zone tempérée. Il présente une forte valeur biologique. Outre la provitamine A et des vitamines B_1 et B_2, il contient une forte proportion de vitamine C, surtout dans les feuilles qui sont à peu près trois fois plus riches que le bulbe lui-même. Comme il se stocke très bien, c'est l'une des plus importantes sources hivernales de vitamine C. Ses propriétés médicinales tiennent à la fois à l'action bactéricide et fongicide des antiseptiques végétaux qu'il contient, et à la présence d'un pigment, la quercétine, présente dans les enveloppes sèches et ayant des propriétés analogues à la vitamine PP, qui s'oppose à la formation d'œdèmes. Du point de vue culinaire, l'oignon se distingue par la richesse de ses possibilités d'emploi.

4

L'oignon est une plante bisannuelle. Au cours de la première année, se forme une touffe de feuilles tubulaires (1) et un bulbe souterrain (4), organe de réserve qui seul persiste par temps sec. Au cours de la seconde année, on voit apparaître une hampe florale également creuse, fortement renflée dans sa région médiane, portant une riche ombelle de fleurs blanc verdâtre. Le poids des bulbes varie de 5 à 800 g, leur forme peut être aplatie, ronde, allongée à piriforme. Parfois, l'oignon est de forme irrégulière et se divise en deux, trois ou plusieurs petits bulbes. La couleur est également variable, du rouge violacé (3) jusqu'au blanc en passant par le rose, le brun ou le jaune paille (2), ce qui est, de loin, la

2

3

1

coloration la plus courante. Les oignons peuvent être semés en place, repiqués à partir de plants de l'année, ou encore à partir de semences, c'est-à-dire de petits bulbes mesurant environ 1,5 cm de diamètre et élevés à partir d'un semis dense l'année précédente. L'écartement sera de 25 × 7 cm. C'est une plante qui résiste bien au froid, supportant des gels jusqu'à −20 °C et on peut donc très bien la semer à l'automne.

Ciboule, cive, oignon d'hiver Liliacées
Allium fistulosum *Liliaceae*

La ciboule s'est répandue dans le monde entier à partir de la Chine où elle était déjà cultivée vers l'an 2000 avant J.-C. C'est seulement au Moyen Age qu'elle a pénétré en Europe en passant par la Sibérie. Dans certains pays occidentaux, elle reçoit le nom d'oignon gallois. Actuellement, elle est surtout cultivée en Europe et aux États-Unis. La ciboule forme un pseudobulbe, c'est-à-dire que ses feuilles tubulaires, semblables à celles de l'oignon, ne rentrent pas entièrement sous terre. Elle est très résistante au gel, peut pousser sans interruption pendant toute l'année lorsque le climat le permet. Elle supporte les latitudes les plus septentrionales. Dans les conditions défavorables, les feuilles se fanent peu à peu les unes après les autres, mais la croissance reprend au printemps. La ciboule est cultivée pour ses parties vertes, riches en vitamine C (jusqu'à 200 mg pour 100 g de matière verte). On en distingue quatre grands groupes. Le groupe chinois est de port robuste, atteignant jusqu'à 100 cm de hauteur, peu ramifié. On butte la fausse tige formée des gaines foliaires pour la faire blanchir à la manière des poireaux. Moins résistant au gel, ce groupe est surtout employé pour les salades. Le type japonais, de goût plus fin, de taille moyenne, a des feuilles de couleur claire. Le groupe russe, fortement ramifié, produit des feuilles assez menues, vert sombre, d'un goût assez fort. Il résiste très bien au gel.

Un groupe très intéressant est celui des ciboules à étages (3) ou ciboules vivipares (var. *viviparum*). Dans ce groupe, l'inflorescence avec ses fleurs et ses graines est remplacée par des bulbilles aériennes disposées en un à quatre étages. Les bulbilles sont de structure identique à celle du bulbe souterrain et servent à la multiplication de la plante. Cette variété est apparue par mutation et s'est répandue en Amérique du Nord. Elle a pénétré en Europe en partant du Canada en 1820. Moins répandue que la forme d'origine, la forme vivipare en a tous les emplois.

La culture est celle d'une plante bisannuelle ou vivace. Dans la première année, se forment une à deux ramifications portant des feuilles tubulaires parfaitement dressées. La seconde année, apparaissent de une à trois inflorescences et la plante continue à se ramifier (1). La hampe florale, basse, ne dépasse pas 30—50 cm. Elle est creuse et s'élargit progressivement vers la base, sans renflement apparent. L'inflorescence est une petite ombelle aux fleurs blanc verdâtre qui donne naissance à des graines noires (2). La ciboule est cultivée avec un écartement de 20 × 30 cm. On la sème au printemps, en été (août) ou avant l'hiver. On peut la multiplier par divison des touffes ou par bulbilles. On consomme les feuilles que l'on coupe deux à trois fois pendant le cycle végétatif. La dernière récolte doit avoir lieu au plus tard deux mois avant l'hiver, pour pemettre au bulbe de fabriquer les matières de réserve qui lui assureront une bonne hibernation.

2

1

3

Échalote
Allium ascalonicum

Liliacées
Liliaceae

L'échalote vient sans doute des pays méditerranéens, tout comme le poireau et la ciboulette. Dans l'Antiquité, elle était déjà cultivée en Asie Mineure et Antérieure. Les Perses, les Égyptiens et les Israélites la considéraient comme une plante sacrée et la consommaient au cours de cérémonies religieuses. Le nom, similaire dans toutes les langues, rappelle la cité palestinienne d'Ascalon. De là, l'échalote s'est disséminée vers l'Occident avec les croisades. On sait de source sûre qu'elle était connue en Europe et plus précisément en France, au XIIIe siècle. De nos jours, elle est surtout cultivée en France, en Amérique et en U.R.S.S. Son goût est plus aromatique, mais plus agréable que celui de l'oignon. Le larmoiement qu'elle déchaîne quand on la coupe est dû, comme chez les autres oignons, à du fructane, huile essentielle contenant des sulfures d'allyle. L'échalote est une riche source de vitamines C et B ainsi que de provitamine A. Elle contient des antiseptiques végétaux ayant une nette action désinfectante. On consomme tant le bulbe que les parties vertes. Elle est très résistante et les bulbes peuvent être conservés jusqu'à deux ans sans se mettre à pousser. Comme elle s'hybride facilement avec l'oignon, on la prend parfois, à tort, pour une variété de celui-ci.

C'est une plante pérenne, haute de 20 à 30 cm. Les feuilles tubulaires sont assez fines. Les bulbes sont allongés à ovoïdes, et croissent en bouquets sur un plateau commun (1). Leur coloration est le plus souvent jaune ou rouge. La hampe florale est creuse, sans renflement, les fleurs disposées en ombelle sont bleutées. L'échalote ne produit généralement pas de graine, mais des bulbilles aériennes. C'est une plante modeste qui se multiplie surtout par voie végétative, grâce aux bulbilles. Elle supporte même les gels relativement forts. On la plante au tout début du printemps ou à l'automne — de septembre à novembre, à 20 × 12—15 cm d'intervalle. Il existe des variétés qui se caractérisent par des bulbes allongés, groupés en touffe dense, ou au contraire des bulbes plus gros, arrondis, mais en touffe plus pauvre (2, 3). Ces échalotes se différencient par leur précocité, leur résistance au stockage et leur goût. Parfois, on confond avec l'échalote une variété de l'oignon commun, la var. *aggregatum*, dont les bulbes se divisent très peu pendant la première année. Ce n'est que l'année suivante que le bulbe se divise en 3—8 bulbes secondaires. Cette variété se caractérise par une riche floraison.

2

3

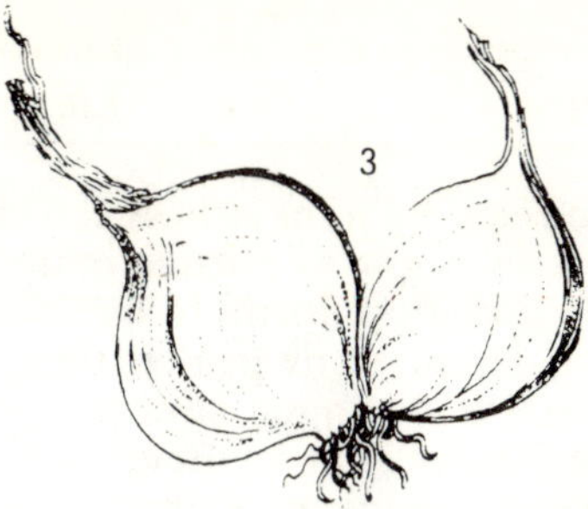

1

Poireau «perlé» Liliacées
Allium ampeloprasum var. *holmense* *Liliaceae*

Le poireau «perlé» est une variété de poireau. Le nom latin spécifique se compose de deux termes grecs : *ampelos,* vigne et *prason,* poireau. Il se caractérise par le fait que chaque bulbe est formé d'une seule feuille de réserve (3). Le poireau «perlé», dépourvu de peau extérieure sèche (2), n'a pas besoin d'être pelé, ce qui le distingue nettement des bulbes d'oignon, formés de plusieurs tuniques dont la supérieure est sèche. C'est une plante spontanée dans les régions méditerranéennes, et qui est surtout cultivée en Italie, mais également en Allemagne et au Danemark. Par contre, les États-Unis l'ignorent. Il se distingue par une grande finesse de goût et un aspect attirant, presque transparent. Sa culture est relativement difficile. Il s'agit d'une espèce raffinée, surtout destinée à l'industrie alimentaire. Cru, il sert à la préparation d'une salade délicate, mais on le consomme surtout confit dans du vinaigre, seul ou en mélange avec d'autres légumes.

On emploie souvent de la même manière les petits bulbes blancs (jusqu'à 1 cm de diamètre) d'oignon *(Allium cepa)* ou de rocambole (*Allium sativum* ssp. *ophioscordon*).

2

C'est une plante pérenne haute de 30—40 cm, formant des bouquets souterrains de petits bulbes blancs (1), dotés d'une seule feuille mince, repliée le long de la nervure centrale comme chez le poireau et l'ail. Elle fleurit rarement et se multiplie exclusivement par les bulbilles. Les formes qui se mettent parfois à fleurir restent stériles. Les bulbilles sont plantées en août, presque immédiatement après la récolte, avec un écartement de 10 à 15 cm. Elles hivernent très bien en temps ordinaire. Leur développement sain et surtout leur récolte exigent un sol léger, sans cailloux, bien aéré. Pour récolter le poireau «perlé», on passe avec la bêche sous la touffe et on la soulève entière avec précaution. Les bulbes sont ensuite mis à sécher et calibrés à l'aide d'un tamis. Ils ne se prêtent pas au stockage car ils sèchent rapidement après la récolte. On utilise donc tout de suite les bulbes de taille normale et on replante assez rapidement les petits. Lorsqu'on les oublie en terre, les bulbes se développent au point de devenir envahissants l'année suivante.

1

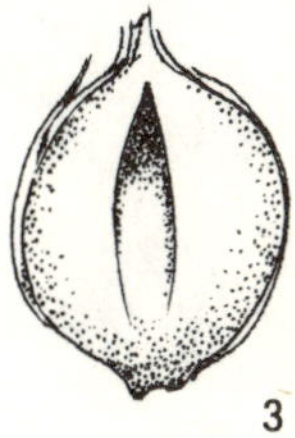

3

Ciboulette Liliacées
Allium schoenoprasum *Liliaceae*

Le nom spécifique latin vient de deux termes grecs; *schoinos,* jonc et *prason,* poireau. Il est difficile de dire si la ciboulette était déjà connue dans l'Antiquité, car les écrits anciens peuvent la confondre avec d'autres représentants du genre *Allium.* Il s'agit d'une plante très répandue. La ciboulette sauvage se distingue fort peu de l'espèce cultivée. On la trouve dans les vallées de montagne humides en France, Allemagne et dans d'autres pays d'Europe jusqu'à une altitude de 2 500 m. On la trouve également en Asie septentrionale et centrale, au Japon et en Amérique du Nord. En Europe, sa culture est tout à fait courante depuis le XVIe siècle. En Europe orientale on trouve des types aux feuilles relativement grosses, tandis qu'en Europe centrale et occidentale on apprécie plutôt les variétés à feuilles très ténues. Celles-ci ont un goût agréablement aromatique, résultant de la présence d'huiles essentielles. Les jeunes feuilles contiennent jusqu'à 100 mg de vitamine C pour 100 g de matière fraîche, mais cette teneur chute à 40 mg chez les feuilles âgées d'un mois. La ciboulette renferme également des vitamines du groupe B, de la provitamine A et un grand nombre de substances minérales. On l'emploie uniquement fraîche pour parfumer des mets chauds ou froids et, dans la mesure du possible, on la coupe juste avant l'utilisation.

C'est une plante pérenne, résistant au gel. Elle forme de riches touffes, comprenant jusqu'à 100 pousses, chacune avec 2—4 fines feuilles tubulaires (1). Les racines puissantes et nombreuses descendent jusqu'à 20—25 cm de profondeur et étouffent facilement toute végétation adventice. Les feuilles sortent de terre au début du printemps. Dans des conditions défavorables, elles se flétrissent et le bulbe seul survit. Les ombelles formées d'un grand nombre (100 et plus) de fleurs violettes (2) apparaissent de 1 mois et demi à 2 mois après la sortie des feuilles. La hampe florale est droite, creuse, sans renflement, haute de 20—35 cm. Les grains sont noirs (3). La ciboulette est une plante sans grands besoins. On la cultive facilement même en pot sur le bord d'une fenêtre; tout ce qu'elle demande c'est une abondance de lumière. La plantation est obtenue par semis, par repiquage de plants élevés à l'abri ou par division d'anciennes touffes. Elle demande un écartement de 30 × 30 cm. La récolte a lieu progressivement à longueur d'année. La ciboulette présente en outre le grand avantage de pouvoir être facilement forcée, ce qui permet une récolte au cœur de l'hiver ou au tout début du printemps. La floraison ne peut avoir lieu lorsqu'on coupe régulièrement le feuillage.

2
3
1

Poireau Liliacées
Allium porrum *Liliaceae*

Le poireau sauvage est une espèce commune sur les rivages du Nord de l'Afrique, en Europe méridionale, en Asie antérieure et dans le Caucase. Il était déjà cultivé dans l'Égypte ancienne, en Grèce et à Rome. A Rome, les jardins réservés à sa culture avaient un nom spécial, les *porrinneae.* Il est également question du poireau dans l'Ancien Testament. Étant donnée sa vaste aire de distribution et les fréquents mélanges entre les formes sauvages et les formes cultivées, on trouve dans la littérature divers noms latins désignant le poireau. De nos jours, c'est un légume à peu près universel. Dans le Nord-Est de l'Europe on cultive des formes aux feuilles en larges bouquets, vert sombre, présentant une pellicule externe de cire. Le fût est court. Ce type a donné naissance aux poireaux dits d'hiver (1), qui se caractérisent par une forte résistance au gel. Dans le Sud-Ouest de l'Europe, on trouve au contraire des formes au long fût, aux feuilles dressées vert clair et sans couverture cireuse, faisant partie des poireaux dits d'été (2). Ces variétés souffrent du froid dans les régions au climat rude et ne supportent pas un long stockage. Le goût du poireau est moins fort que celui de l'oignon. On consomme en légume le fût et les feuilles, le plus souvent après cuisson, mais les jeunes poireaux peuvent être mangés crus en salade. Les feuilles sont riches en vitamine C (jusqu'à 80 mg pour 100 g de matière fraîche) et contiennent du carotène. Le poireau, qui conserve son goût aromatique et sa coloration même après séchage, peut être employé comme aromate.

3

Le poireau est une plante bisannuelle aux racines puissantes. Chez le jeune plant, les deux premières feuilles qui apparaissent après la germination sont tubulaires comme celles de l'oignon et seules les suivantes montrent la forme typique : planes, elles sont repliées le long de la nervure principale. Les gaines foliaires épaissies forment au-dessus du sol une sorte de fausse tige, le fût, et sous le sol un bulbe qui n'est jamais l'organe unique de la plante. La hampe florale est pleine et sans renflement ; elle apparaît au cours de la seconde année et mesure 120—160 cm de haut. L'ombelle volumineuse (3) se compose d'un grand nombre de fleurs couleur lilas (4). On consomme le fût de couleur claire, long de 8 à 80 cm. Le buttage en cours de végétation favorise l'élongation du fût, tout en en affinant le goût grâce

à l'étiolement. Le poireau se repique à une distance de 30—40 × 20 cm. Les variétés d'hiver peuvent rester en pleine terre sans problème. Lors du stockage, la vitamine C migre des feuilles dans le fût.

Ail Liliacées

Allium sativum *Liliaceae*

L'ail est originaire des steppes d'Iran et d'Afghanistan où il croît encore aujourd'hui à l'état sauvage. De là, il a pénétré en Chine pour y être cultivé depuis des temps immémoriaux. Au troisième millénaire avant notre ère, les Égyptiens le consommaient déjà couramment. Pour les Grecs et les Romains, l'ail était une plante sacrée qui fortifiait au combat, ce qui explique pourquoi il entrait pour une grande part dans la nourriture des soldats. C'est par l'intermédiaire de l'empire byzantin que l'ail a pénétré chez les Slaves. Bien que ses propriétés médicinales aient été bien connues en Inde, on ne l'y consommait guère à cause de sa pestilence. A notre époque, c'est une plante cultivée du cercle polaire jusqu'aux tropiques. Il sert depuis toujours à aromatiser les mets et on l'ajoute à diverses marinades de légumes comme élément conservateur. Les propriétés médicinales de l'ail sont également bien connues : c'est un prophylactique de l'artériosclérose, de l'asthme, des catarrhes des voies respiratoires ; il abaisse la tension artérielle et détruit les parasites intestinaux, surtout les nématodes. Toutes ces propriétés résultent de la présence d'antiseptiques végétaux spécifiques, aux effets fongicides et bactéricides. Le goût aromatique et l'odeur de l'ail sont dûs à la présence d'une huile essentielle fortement volatile, l'alliine. De nos jours, l'ail est surtout cultivé en Europe méridionale, en France, en Afrique du Nord, en Amérique du Sud et en Chine.

L'ail est une plante annuelle au système racinaire à la fois profond et très riche. Sa multiplication se réalise uniquement par voie végétative : les formes cultivées ont totalement perdu leur aptitude à la formation de graines. Le bulbe composé souterrain (3, 4) est protégé par plusieurs gaines communes blanches ou violacées. Il se compose de 5—40 gousses (5) qui se forment sur un plateau commun et dont chacun est à son tour recouvert d'une tunique coriace. Les feuilles d'un vert plus ou moins soutenu sont plates et repliées le long de la nervure médiane. Les variétés cultivées en climat continental ont des feuilles étroites et dressées, tandis que les variétés méditerranéennes présentent au contraire de larges feuilles en bouquet bien fourni.

On a coutume de distinguer les variétés sans hampe florale (1) et les variétés qui forment une hampe florale portant de nombreuses bulbilles aériennes (2) entremêlées de fleurs stériles. Dans le premier groupe, on voit se former de 10 à 25 petites gousses et il fournit un ail résitant au stockage. Les bulbes du deuxième groupe comportent de 4 à 10 grosses gousses et sont plus fragiles. La culture se fait par plantation au printemps ou à l'automne de petites gousses ou de bulbilles aériennes, lesquelles donneront un petit bulbe la première année, puis un bulbe composé l'année suivante. On récolte au moment où les parties vertes commencent à jaunir, avant donc qu'elles soient complètement flétries.

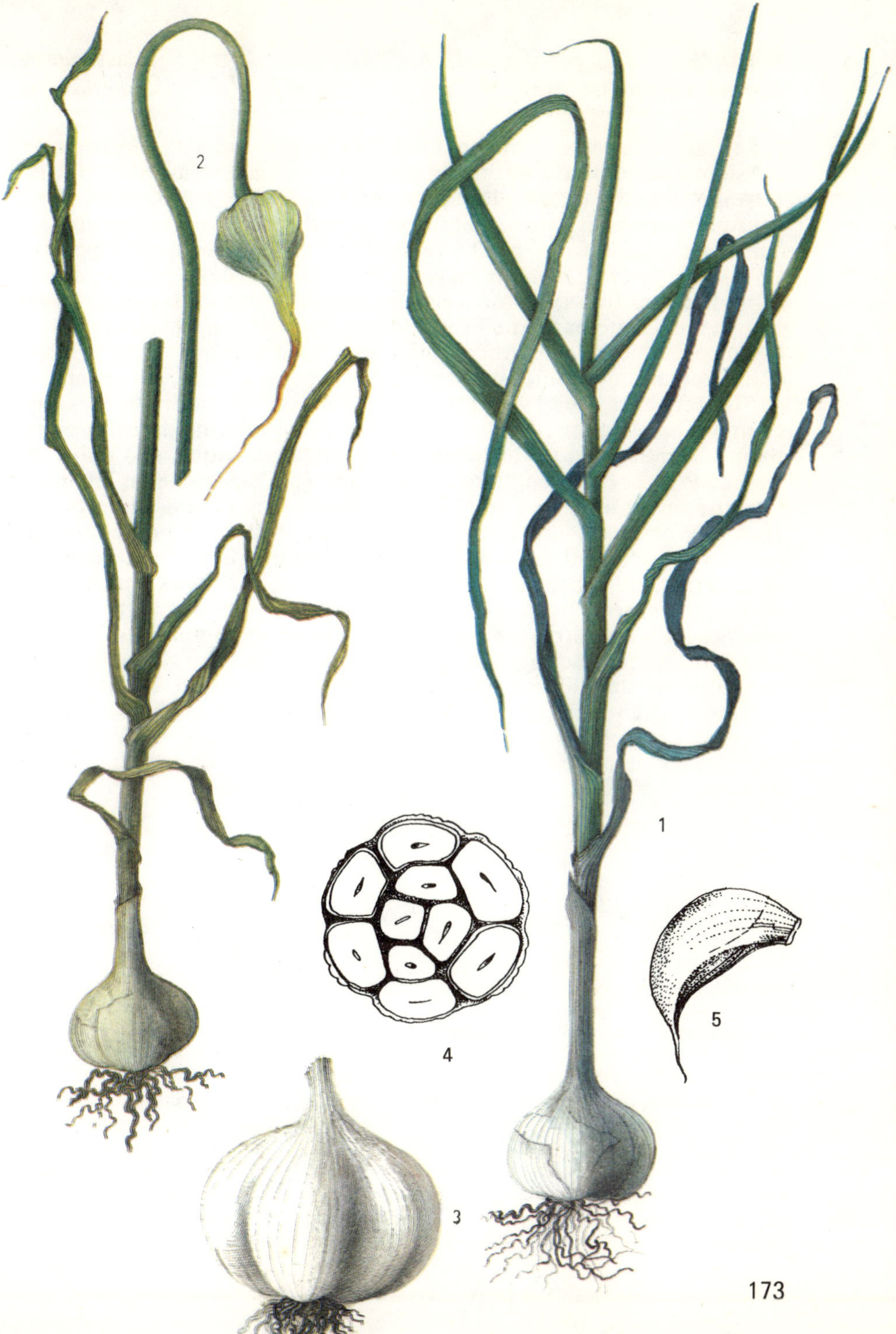
2
1
4
5
3

Raifort — Brassicacées

Armoracia rusticana — *Brassicaceae*

Le raifort provient vraisemblablement du sud-est européen et d'Asie occidentale où on le trouve à l'état spontané au bord des rivières et des ruisseaux. Pas plus les Grecs que les Romaines ne consommaient de raifort, par contre les Juifs le connaissaient déjà dans l'Antiquité. C'est par l'intermédiaire des Slaves qu'il a pénétré en Europe centrale, comme en témoigne l'origine slave du mot *kren* et le nom du raifort dans un certain nombre d'autres langues. Il est cultivé dans cette partie de l'Europe depuis le XIIe siècle. Il se naturalise aisément dans le monde entier le long des cours d'eau et dans d'autres stations humides. Dans certains pays, comme par exemple en Tchécoslovaquie, la culture du raifort est de tradition très ancienne. La sélection et le soin apporté aux conditions de culture ont permis d'obtenir un raifort de goût très fin, aromatique, à la pulpe légèrement douce. On emploie ici la racine épaissie, riche en vitamine C et contenant un grand nombre de substances minérales importantes ainsi que des antiseptiques végétaux, ce qui en fait un bon conservateur. Mais l'élément le plus caractéristique du goût est un glucoside, la sinigrine, qui libère du sénevol. C'est cette substance qui est responsable du goût brûlant du raifort, la plus piquante de toutes les brassicacées. Le raifort a des effets diurétiques et stimule la digestion. La médecine populaire y fait appel en cas de maladies rhumatismales (cataplasmes au raifort). Mais le raifort sert surtout à aromatiser et à relever le goût de toutes sortes de mets chauds et froids. On en ajoute des tranches aux légumes marinés, surtout à la betterave rouge. Les racines de raifort sont faciles à stocker à la cave dans une jauge de sable où elles se conservent sans mal tout l'hiver.

Le raifort est une plante gigantesque et vivace. Il possède une épaisse racine cylindrique (1) présentant plusieurs sommets végétatifs. Les feuilles sont grandes, longuement pétiolées, dotées d'un limbe brillant finement denté (2). La hampe florale atteint 150 cm de haut, elle est feuillée et branchue. Les fleurs sont blanches et parfumées. Les fruits sont des silicules ellipsoïdes et renflées (3). Un sol pauvre et sec produit des racines faibles, fibreuses, ligneuses et d'un goût très brûlant. Lors de la récolte, à l'automne, on extirpe les racines du sol, on conserve les plus grosses pour la consommation et les plus faibles pour une plantation printanière en segments longs de 30 cm environ. Avant la plantation, on brosse ces racines, puis on les met en terre, l'extrémité supérieure vers la surface du sol, avec un intervalle de 30 × 60 cm. La récolte a lieu vers l'époque où les feuilles externes commencent à brunir. Les sujets sont laissés en place de 1 à 3 ans. L'élimination des hampes florales est profitable pour la qualité des racines.

1
2
3

Chou marin
Crambe maritima

Brassicacées
Brassicaceae

Le chou marin est une plante halophyte (aimant le sel), originaire des côtes atlantiques de l'Europe occidentale et septentrionale. Il y est cultivé à la fois comme légume et comme plante oléagineuse pérenne, en compagnie de son voisin, le crambe d'Abyssinie *(C. abyssinica).* On ne peut pas dire que sa culture soit très répandue : on le connaît surtout en Grande-Bretagne, en Hollande, au Danemark et en France. Le chou marin est surtout destiné au forçage et ses rejets avec bourgeons et pétioles sont blanchis comme les aperges. D'ailleurs, ces rejets blanchis (3) ont un goût fin et peuvent remplacer l'asperge ou la compléter dans certaines préparations culinaires. Ils peuvent être conservés en saumure. Pendant la culture, on veillera à éliminer les rejets floraux qui affaiblissent la plante. L'étiolement se pratique sous châssis, en serre ou en pleine terre.

2

Le chou marin est une plante vivace, haute de 50 à 60 cm, présentant une tige nue et pruinée (1). Les feuilles inférieures sont raides, dentées, de couleur glauque (2). La floraison a lieu de mai à juillet et les fleurs blanches, parfumées (4) sont groupées en riches grappes (5). Elles donnent ensuite naissance à des silicules arrondies (6). Le chou marin peut donner une bonne récolte pendant une quinzaine d'années, mais il doit être planté en tranchées dans un sol de bonne qualité et recevoir un complément de fumure dès la seconde année. Le semis a lieu à l'automne à l'abri. On repique ensuite les plants au printemps en rangs distants de 50 cm, avec un écartement de 20 cm entre les pieds. Le chou marin peut aussi se multiplier par éclats de sujets âgés. Pendant les deux premières années, on laisse la plantation pousser à sa guise pour la fortifier et on s'abstient de récolter. Il est tout à fait possible de mettre en place une culture intercalaire. Les pousses seront blanchies de la manière suivante : au début du printemps, on recouvre les plantes de terre. Lorsque les pousses atteignent 15 cm de longueur, la récolte peut commencer : on coupe d'abord les fortes tiges internes qui pourraient donner naissance à des boutons floraux. Les sujets destinés au forçage seront extirpés en automne et placés à la cave en jauge de sable. En janvier, on les replante en serre à une température ne dépassant pas 12—14 °C, avec la motte intacte, et on les recouvre de 15 cm de sable. Trois à quatre semaines plus tard, on peut commencer à récolter les pousses qui affleurent la surface du sable.

3
1
4
5
6

Rhubarbe Polygonacées
Rheum rhabarbarum (undulatum) *Polygonaceae*

La rhubarte est une plante médicinale très ancienne. La médecine chinoise recommandait déjà en 2700 avant notre ère un produit dénommé « grosse racine jaune » et qui n'était autre que le rhizome de rhubarbe séché. En Europe, c'est d'abord l'espèce *R. ponticum* que l'on cultive pour la médecine, puis plus tard, *R. rhabarbarum,* probablement originaire de Sibérie orientale, de Mongolie septentrionale et des régions situées au-delà du lac Baïkal. Il faut attendre le début du XVIIIe siècle pour voir en Angleterre la culture de la rhubarbe ondulée, de la rhubarbe de Bulgarie *(R. rhaponticum)* et de leurs hybrides, cette fois-ci destinés à la consommation courante. Ces variétés s'étendirent ensuite progressivement à l'ensemble de l'Europe. De nos jours, on cultive comme plante médicinale surtout la rhubarbe palmée *(R. palmatum).* La rhubarbe présente le grand intérêt de se mettre à pousser très tôt au printemps : les pétioles nous donnent au printemps la première matière fraîche dont on puisse faire des compotes, des confitures ou des tartes. Ces pétioles puissants et charnus sont riches en provitamine A et en vitamine C, mais ils contiennent également de l'acide oxalique qui fixe le calcium lors des processus digestifs. Il est donc déconseillé de les consommer lorsqu'on souffre de certaines maladies. Les limbes foliaires sont encore plus riches en acide oxalique et ne sont jamais utilisés en cuisine. La rhubarbe a un effet laxatif dû à la présence d'oxanthraquinone. Les différentes variétés se distinguent par la finesse et la coloration des pétioles qui peuvent être verts, lavés de rouge ou rouge intense. Les plantes entières transportées en serre à l'entrée de l'hiver ou protégées en pleine terre par des planches et de la tourbe peuvent être facilement forcées.

La rhubarbe est une plante vivace, robuste, aux grandes feuilles (1) légèrement ondulées, produisant une épaisse hampe florale qui atteint 2 m de hauteur. La floraison a lieu de mai à juin. Les fleurs blanchâtres sont réunies en une puissante panicule (2). Le fruit est un akène brun à trois ailettes de couleur plus claire. La rhubarbe supporte même les situations ombragées, à condition d'être plantée dans un sol suffisamment humide et nutritif. Elle se multiplie par voie sexuée (repiquage de plants élevés à l'abri) ou par division de touffes âgées, ce qui est la méthode la plus couramment pratiquée. Les éclats sont plantés à l'automne ou au début du printemps

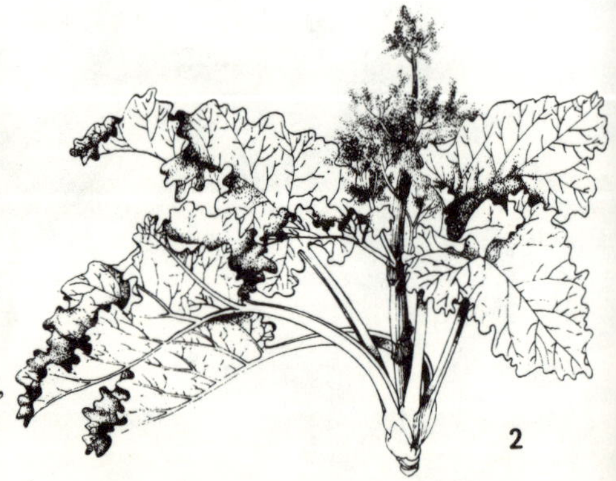

1

avec un écartement de 100 × 100 cm. La première récolte n'a lieu que l'année suivante à cause de la croissance lente de la rhubarbe. On arrache alors progressivement les feuilles externes une à une, d'avril jusqu'à la mi-juin, tout en ayant soin de laisser à la plante assez de feuilles pour qu'elle assimile normalement. L'élimination des hampes florales stimule le développement des feuilles et des pétioles. La rhubarbe peut rester au même endroit environ 6 ans.

Asperge Liliacées
Asparagus officinalis *Liliaceae*

L'asperge était connue et appréciée déjà dans l'Antiquité. A l'origine, on ne la trouvait à l'état spontané qu'en Orient mais, de nos jours, elle croît sur les friches sableuses ou les pentes herbeuses de toute l'Europe. Elle est répandue de l'Afrique du Nord, de l'Espagne et de l'Asie antérieure jusqu'en Sibérie en passant par l'Europe centrale et septentrionale. Nous savons qu'elle était cultivée dès 1100 à Byzance, mais son extension date surtout du XVIe siècle où nous la trouvons en Hollande, en Allemagne et en France. Comme sa culture n'est pas des plus faciles, l'asperge est longtemps restée un luxe réservé aux cuisines des plus riches et a même reçu le surnom de légume royal. On consomme les jeunes rejets charnus, ou turions, récoltés au moment où ils percent la surface du sol. L'asperge est relativement riche en vitamines B et C, surtout concentrées dans les turions verts. Elle contient aussi de l'asparagine, qui est une substance diurétique et aphrodisiaque lorsqu'elle est ingérée en grande quantité. L'asperge sert à la préparation de salades, de mets chauds et froids, d'entrées, de potages. Elle peut être stérilisée, seule ou en mélange avec d'autres légumes. A l'origine, on ne consommait que les turions étiolés (2). Par la suite, la sélection a permis d'obtenir des variétés qui conservent longtemps une texture fine, non fibreuse, même à l'état vert. Ces «asperges vertes» (3) connaissent une faveur sans cesse croissante, car elles sont tendres et riches en vitamines. L'asperge est une plante dioïque. Les sujets femelles produisent généralement un nombre relativement réduit de turions charnus.

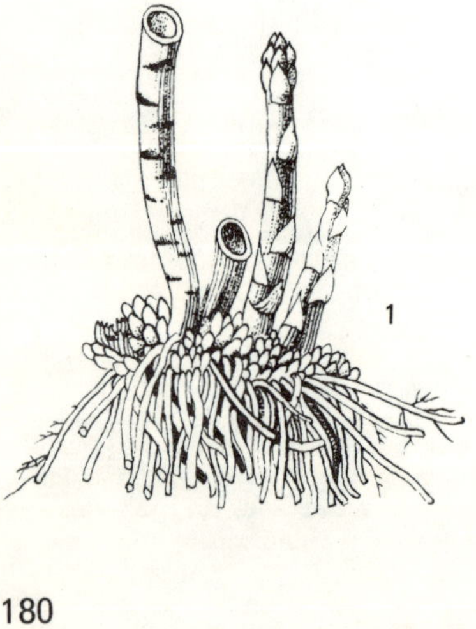

L'asperge est une plante vivace. Une puissante touffe racinaire produit des rejets charnus, les turions (1). Ceux-ci sont blanc jaunâtre à pointe rose violacé, ou verts. Ils donnent en se développant des tiges minces, fortement ramifiées, atteignant jusqu'à 2 m de hauteur et couverts de bouquets de formations vertes, aciculaires, qui remplacent les feuilles. Les fleurs (4) sont discrètes, blanchâtres à vert-jaune. Le fruit est une baie sphérique, rouge à maturité (5) contenant des graines noires. L'asperge doit être semée au printemps et rester en pépinière pendant un à deux ans. On la plante ensuite en tranchées avec un écartement de 150 × 40—50 cm. Les plantes doivent être buttées chaque année au printemps. La récolte ne peut commencer que la troisième année, où on coupe progressivement les turions après avoir écarté la terre. La culture peut rester en place 15—20 ans.

3

2

4

5

Artichaut Astéracées
Cynara scolymus *Asteraceae*

Au VIIIe siècle avant notre ère, les Égyptiens connaissaient déjà, et se régalaient en les consommant, des capitules charnus de différents chardons, mais aussi des artichauts. Plus tard, les Grecs et les Romains firent de même. Pendant de longs siècles, l'artichaut resta un légume de luxe, réservé aux classes les plus aisées. On pense le plus souvent qu'il est originaire d'Afrique du Nord. Nous n'avons aucune indication sur sa culture au Moyen Age. Il apparaît seulement au XVe siècle en Italie, puis au XVIe siècle en France, en Angleterre et en Belgique. Il faut encore attendre quelques décennies pour le voir se répandre en Europe centrale. De nos jours, l'artichaut est surtout apprécié en France, où on a vu apparaître les meilleures variétés, et en Europe méridionale. Les variétés françaises, plus résistantes, supportent mieux les climats rigoureux que les variétés italiennes. La partie utile est constituée par le réceptacle du capitule et la base épaissie des bractées florales. On la récolte lorsque le capitule est pleinement développé, mais avant son épanouissement : c'est là que l'artichaut est le plus fin. Les artichauts se consomment crus ou cuits, ou encore marinés à l'huile ou au vinaigre. Les pétioles épaissis peuvent être blanchis et consommés comme les cardons. La plante a un aspect très décoratif.

L'artichaut est une plante pérenne de belle venue, dépassant 150 cm de hauteur. Les feuilles (2) sont grandes, pennatiséquées, grises sur leur face inférieure. Les tiges ramifiées portent de grands capitules charnus mesurant 8—10 cm de diamètre et composés d'une foule de fleurons bleu violet (1). L'artichaut est exigeant pour la nature du sol et l'alimentation en eau. Il produit un grand nombre de rejets, mais on aura intérêt à ne laisser en place que deux pousses principales pour favoriser un beau développement. On peut le multiplier par division des touffes, mais il est plus facile de le semer. On n'emploiera que des graines sélectionnées. Le semis a lieu de février à mars et les plants sont repiqués en place en mai, avec un écartement de 80 × 100 cm. La récolte se fait avant

l'arrivé du gel. On pourra même couper des tiges immatures qui achèveront leur développement dans une jauge de sable. En Europe centrale et dans les régions de climat rude, il faut couper les tiges avant l'arrivée de l'hiver et protéger les plantes par une couverture de feuilles ou de branchages. La culture ne doit pas rester au même endroit plus de quatre ans.

1

2

Fenouil commun Apiacées
Foeniculum vulgare var. *vulgare* *Apiaceae*

Le fenouil sauvage est très voisin du fenouil cultivé est on le rencontre depuis les régions méditerranéennes jusqu'en Iran en passant par la péninsule d'Arabie. Les Chinois, les Indiens, les Égyptiens, les Arabes, les Grecs et les Romains appréciaient déjà le fenouil pour ses vertus aromatiques et médicinales. Ce sont les bénédictins qui l'introduisirent en Europe centrale au début du Moyen Age. Dans toutes les langues européennes, son nom a pour racine le nom latin. Le nom d'«aneth gallois» qu'il porte en Tchécoslovaquie, en Pologne et en Russie témoigne de son voyage à travers l'Europe. L'arôme puissant du fenouil est dû à une forte teneur en essences volatiles, renfermant de l'anéthol au goût plutôt sucré et de la fenchone au goût amer. Il est cultivé pour ses graines et ses parties vertes. La graine entre dans la composition de remèdes contre les maladies pulmonaires, la toux, les troubles digestifs et surtout les ballonnements. En cuisine, les graines de fenouil servent à parfumer les pâtisseries et les crèmes. Les feuilles fraîches sont également employées comme aromates et servent, comme celles de l'aneth, à parfumer les marinades, les salades, les mayonnaises, les potages, les sauces, etc. On peut aussi employer les feuilles sèches. Les ombelles immatures sont ajoutées aux marinades pour les cornichons et le chou. Le fenouil est surtout cultivé en Italie et en U.R.S.S., mais aussi en Europe centrale et occidentale, en Inde, en Chine, au Japon, en Éthiopie, en Afrique du Sud, en Nouvelle-Zélande, dans les deux Amériques. Dans tous ces pays, il se naturalise très facilement. Les meilleures variétés, dites crétoises ou levantines, sont originaires de l'est du Bassin méditerranéen.

A l'état sauvage, le fenouil est une plante vivace ; à l'état cultivé, il est bisannuel ou même seulement annuel. Il possède des racines rhizomateuses qui lui permettent de passer l'hiver à l'abri du sol. Au cours de la première année, il produit une rosette de feuilles laciniées (1), au cours de la seconde, une tige glabre, de couleur glauque, haute de 100—200 cm, finement cannelée. Les petites fleurs jaune soutenu (2) sont groupées en grandes ombelles et s'épanouissent de juillet à octobre. Le fruit est un diakène brun-jaune, aminci aux deux extrémités, côtelé (3), au goût légèrement sucré. Le fenouil se sème au printemps en rangs distants de 40 cm et doit être éclairci à 25 cm. On peut également repiquer des

plants en juillet. Lorsqu'on cultive le fenouil pour la graine, on le récolte l'année suivante, d'août à novembre, en prélevant les ombelles mûres. Les feuilles peuvent être récoltées à tout moment pendant la période de végétation. Pour disposer toujours de feuilles jeunes et tendres, on peut, comme pour l'aneth, pratiquer des semis échelonnés. Le fenouil demande une exposition chaude et ensoleillée, avec une alimentation suffisante en eau.

2

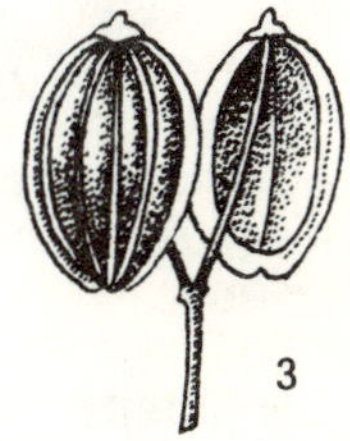

3

1

Livèche officinale Apiacées
Levisticum officinale *Apiaceae*

La livèche est un aromate cultivé depuis toujours, probablement originaire d'Europe méridionale et d'Asie antérieure. Elle existe à l'état spontané en Iran. Jadis, ses racines aromatiques remplaçaient celles du céleri. Elle était connue des Grecs et des Romains dans l'Antiquité. Son nom vient du latin ancien et montre comment la livèche s'est répandue dans les pays européens. Toute la plante dégage une odeur intense. Elle est employée fraîche ou après séchage (ce qui lui fait perdre une partie de son arôme). Les feuilles fraîches servent à parfumer les potages, les sauces, les viandes et surtout le mouton, les pâtes, les salades, les fromages et les marinades. Les graines moulues sont employées aux mêmes fins. Comme la livèche a un goût très puissant, on ne l'emploie jamais que par petites quantités, surtout à l'état frais. Elle constitue le principal ingrédient des concentrés pour potages. Ses tiges creuses, taillées en diagonale, peuvent être confites. Mais la livèche a aussi d'importantes propriétés médicinales. Les rhizomes sont récoltés et séchés puis employés en pharmacie. De toute la plante, ce sont eux qui sont les plus riches en huile essentielle, en acide malique et en acide angélique ainsi qu'en résines. Sous forme d'infusion, ils ont un effet diurétique, sudoripare et bénéfique pour les voies respiratoires.

La livèche officinale est une plante pérenne, dont la tige de section arrondie, lisse, creuse (1) atteint jusqu'à 200 cm de hauteur. Les feuilles d'un vert soutenu sont brillantes, deux à trois fois pennées (2). Les fleurs jaune pâle sont groupées en ombelles (3). Les fruits sont des diakènes ovoïdes et aplatis (4), perdant leur pouvoir germinatif dès la deuxième année. La livèche peut être semée en août ou multipliée par division des touffes, ce qui est le procédé le plus

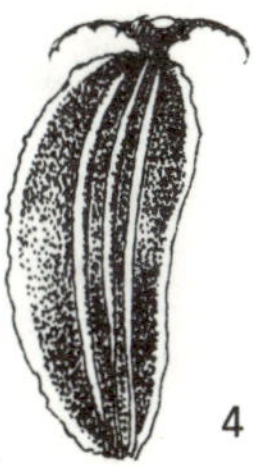

4

fréquent. Les plants sont écartés de 50 × 50 cm. C'est une plante modeste qui peut rester jusqu'à quinze ans au même endroit. Elle se plaît dans un site ombragé. On ne récolte que les feuilles jeunes, dès la première année. En éliminant les hampes florales, on favorise la formation de nouvelles feuilles et on fortifie les rhizomes. Ceux-ci sont récoltés pour la fabrication de médicaments seulement lors de la deuxième année.

Aneth — Apiacées
Anethum graveolens — *Apiaceae*

L'aneth est originaire d'Europe méridionale. Il était déjà connu et cultivé dans l'Égypte ancienne et en Palestine. Fort apprécié dans la cuisine antique, il servait surtout à parfumer les mets destinés aux athlètes. Il est cultivé en Europe centrale depuis le XVe siècle et s'y naturalise facilement. De nos jours, il est cultivé dans les jardins, mais aussi à grande échelle, pour ses parties vertes, mais surtout pour son essence volatile, employée tout particulièrement par l'industrie alimentaire et par la conserverie. La principale composante de cette essence est la carvone (que l'on trouve de la même manière contenue dans les fruits du carvi). Les feuilles fraîches renferment assez peu d'essences volatiles (0,5—0,9 %), par contre les fruits en sont riches (4,5—6 %), lorsqu'on les récolte à l'état cireux. Selon le degré de maturité, la tige feuillée en contient aux alentours de 1 %. Elle est principalement riche en vitamine C (140 mg pour 100 g de matière fraîche) et en provitamine A (13 mg).

Les jeunes feuilles servent à donner du goût aux salades, aux pâtes à tartiner, aux marinades, aux potages et aux sauces. Elles peuvent être conservés au sel, au vinaigre, par séchage ou par congélation. Les plantes âgées, en fleurs ou après la floraison, sout surtout employées pour les marinades destinées à la conservation de divers légumes. Les graines d'aneth finement moulues servent également à parfumer les salades et les viandes grillées.

L'aneth est une plante annuelle, atteignant jusqu'à 120 cm de hauteur. C'est une plante modeste, mais qui reste basse dans un sol pauvre. Les feuilles se caractérisent par une gaine creuse. Elles sont plusieurs fois laciniées, lisses et couvertes de pruine. Les menues fleurs jaunes sont groupées en ombelles. Le fruit est un diakène ovale, fortement aplati, côtelé, gris-brun, bordé d'une expansion membraneuse. L'aneth peut être semé en rangs distants de 20 à 30 cm, ou comme culture intercalaire, entre les rangs d'une autre culture. On récolte les parties vertes environ 50 jours après le semis, lorsque les plantes mesurent environ 15 cm de haut et ne forment pas encore d'inflorescence. On a intérêt à pratiquer des semis échelonnés tous les 14 à 21 jours jusqu'en juin, pour prolonger la durée de la récolte. Semées plus tard, les plantes montent rapidement en graine et les parties vertes restent peu développées.

Cerfeuil Apiacées
Anthriscus cerefolium *Apiaceae*

Le cerfeuil est originaire du Sud-Est de l'Europe et d'Asie d'où il s'est répandu dans la région méditerranéenne. Les Grecs et les Romains s'en servaient déjà pour assaisonner leurs mets. La médecine populaire le recommande contre l'afflux du sang au cerveau et contre toutes sortes d'éruptions. De nos jours, le cerfeuil est cultivé sutout en France, en Angleterre, aux États-Unis et en Afrique. Il se naturalise facilement. Toute la plante dégage, si on l'écrase, un parfum agréable qui rappelle un mélange d'anis et de persil. Les feuilles ont un goût un peu sucré. On ne récolte que les feuilles jeunes. Lorsque la plante arrive à la pleine floraison, elle devient inconsommable. Le cerfeuil est très riche en vitamine C (120—140 mg pour 100 g de matière fraîche) et en provitamine A (8—14 mg). Il existe des variétés à feuilles plates et à feuilles frisées. Ce deuxième groupe est plus précoce, plus productif et plus aromatique. Les feuilles de cerfeuil fraîches ou séchées servent à aromatiser les potages, les sauces, etc. Les feuilles fraîches, ajoutées juste avant de servir sont les meilleures. On en saupoudre les légumes, la viande, les poissons, les fromages, divers mets à base d'œufs ou de fromage blanc que le cerfeuil décore tout en les parfumant. Le séchage lui fait perdre une partie de sa qualité, car l'essence qu'il contient est très volatile. Par contre, les feuilles se conservent facilement par congélation.

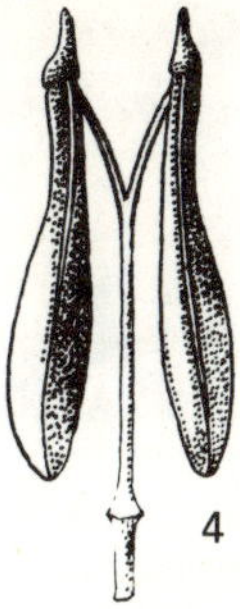

4

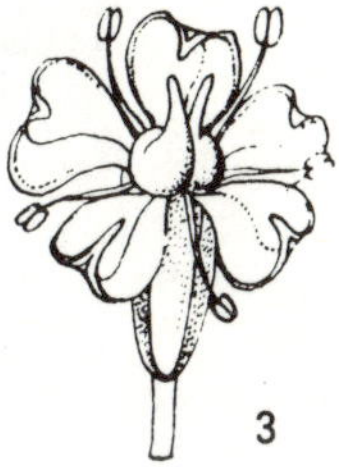

3

2

C'est une plante annuelle, haute de 30 à 60 cm, sans grands besoins, si ce n'est un bon approvisionnement en eau. Les feuilles rappellent, en plus petit, le persil. Une tige anguleuse porte les feuilles brillantes, profondément pennées (1) et, plus tard, les ombelles florales (2), composées de petites fleurs blanches (3). Le diakène noir, linéaire, allongé se termine par un bec (4). Une fois écrasé, il dégage un parfum anisé. Le cerfeuil se sème au printemps, directement en place, en lignes distantes de 25 cm. Il est facile à cultiver sous châssis, en caissette, ou même en pot sur le bord d'une fenêtre. L récolte peut commencer 6 semaines après le semis. On s'assurera une bonne récolte de feuilles jeunes, les plus intéressantes du point de vue qualitatif, en pratiquant des semis échelonnés tous les 15 jours. L'élimination des ombelles retarde le vieillissement des feuilles et prolonge la durée de la récolte. Pour un approvisonnement hivernal, on sème le cerfeuil en châssis profond à l'automne. Il suffit aussi de recouvrir de branchages les sujets poussant en pleine terre. Les feuilles se maintiennent vertes pendant l'hiver, mais elles sont un peu moins parfumées.

Armoise — Astéracées
Artemisia vulgaris — *Asteraceae*

L'armoise est une plante croissant communément dans tous les pays méditerranéens, dans la plus grande partie de l'Europe et en Asie jusqu'en Sibérie. C'est une des plantes aromatiques et médicinales les plus anciennes, qui était déjà connue et cultivée dans l'Antiquité. Trois espèces sont utilisées comme aromates et comme plantes médicinales : l'armoise *(A. vulgaris)*, l'aurone ou armoise citronnelle *(A. abrotanum)* et l'absinthe *(A. absinthium)*. L'armoise (1) est une plante commune qui croît sur les terres en friche, les murs, le long des clôtures. Les feuilles (2) sont employées pour aromatiser les volailles ou la viande de porc ainsi que les soupes de poisson. L'aurone possède un feuillage aromatique utilisé pour la préparation de liqueurs, de parfums, ainsi que dans l'industrie pharmaceutique pour la préparation de remèdes contre les parasites intestinaux et les troubles gastro-entériques.

Mais c'est surtout l'absinthe (3) qui est connue pour ses qualités aromatiques. Les feuilles fraîches ou séchées, puis moulues et les radicelles amères, fortement aromatiques, sont ajoutées, en toutes petites quantités, surtout aux viandes grasses comme le porc ou le mouton qu'elles rendent plus digestes. L'absinthe est également cultivée depuis toujours pour son glucoside, l'absinthine, qui trouve son application dans l'industrie pharmaceutique. Les parties vertes sont plus aromatiques si l'absinthe est cultivée en situation ensoleillée.

2

L'armoise est une plante pérenne, sans grands besoins. La tige, haute de 100 à 150 cm, est droite, cannelée, richement ramifiée, dans sa partie inférieure souvent rougeâtre. Les feuilles, lisses et vert foncé sur l'endroit, sont couvertes d'un duvet blanc sur l'envers. La floraison a lieu en juillet—septembre : les inflorescences ovoïdes, longues de 3—4 cm, sont composées de fleurs jaunes ou rougeâtres. Le fruit est un petit akène. On cueille soit les feuilles des plantes sauvages, soit on cultive l'armoise — de même que l'absinthe et l'aurone — à partir de plants repiqués à des intervalles de 50 × 50 cm. On peut aussi multiplier la plante par division de

3

1

vieilles touffes. Les parties utiles sont ici les jeunes feuilles, récoltées juste avant le début de la floraison, au moment où elles sont les plus aromatiques.

Thym commun — Lamiacées
Thymus vulgaris — *Lamiaceae*

C'est une plante originaire du Bassin méditerranéen, bien connue pour ses vertus aromatiques et médicinales déjà dans l'Antiquité. Les Égyptiens l'employaient pour embaumer leurs morts, à cause de ses propriétés aromatiques. Son nom grec *thymos* dérive d'un mot qui signifie fort ou viril. Son puissant effet désinfectant le fait aujourd'hui employer dans l'industrie cosmétologique pour la fabrication de dentifrices, d'eaux buccales, de savons, etc., mais aussi en médecine pour la fabrication de médicaments contre la toux et les troubles digestifs. Le thym est également de plus en plus apprécié comme aromate. Les pays méditerranéens (France, Italie, Espagne) récoltent les parties vertes des plantes sauvages dont on distille, après séchage, une huile essentielle abondamment utilisée dans l'industrie des conserves, des cosmétiques, des produits pharmaceutiques. En Europe centrale, le thym est cultivé pour la consommation familiale et pour l'industrie alimentaire. Toute la plante, hormis les parties lignifiées de la tige, contient de l'huile essentielle. De plus, les feuilles sont riches en vitamine C. Comme elles sont très aromatiques, on ne les ajoute aux mets qu'en petites quantités. Les feuilles sèches servent à assaisonner les potages, les sauces, les viandes, les légumes en marinade, les pâtes à tartiner, le miel. Les feuilles fraîches, surtout celles du thym-citron, parfument les salades. Les feuilles de cette espèce restent vertes même durant l'hiver et sont particulièrement riches en vitamine C et en provitamine A. Son goût citronné lui vient du citral, une des composantes de son huile essentielle.

Le thym est un arbrisseau vivace, ligneux, haut d'une quarantaine de centimètres, aux feuilles elliptiques, menues, et aux petites fleurs pourpre-violet. Il demande une exposition ensoleillée et supporte bien la sécheresse. C'est une plante mellifère. Il se multiplie par graines ou plus aisément par marcottes : on recouvre partiellement de terre les touffes un peu anciennes, puis on sépare les rameaux racinés et on les replante individuellement, hauts de 10 cm au moins, lorsque le système racinaire est bien développé. La plantation se fait au printemps ou à l'automne, avec un écartement de 60 × 30 cm. Au cours de la saison végétative, on coupe à 2—3 reprises les tiges hautes de 5 à 8 cm : la première fois, au moment de la formation des boutons floraux, la dernière vers la mi-septembre, pour donner aux plantes le temps de se refaire et de passer l'hiver dans de bonnes conditions. Cette taille répétée aboutit à la formation de nouveaux rameaux densément feuillés. Les plantes en fin de floraison et celles dont les tiges sont complèment lignifiées sont moins aromatiques.

Marjolaine — Lamiacées
Majorana hortensis — *Lamiaceae*

La marjolaine est probablement originaire d'Afrique du Nord. Elle est depuis toujours employée en Orient comme condiment et la Grèce comme Rome connaissaient également ses vertus médicinales contre les refroidissements. Au Moyen Age, elle était cultivée pour son aspect ornemental, et elle a servi à la fabrication de la bière jusqu'au moment où elle s'est trouvée supplantée par le houblon. De nos jours, la marjolaine est un aromate surtout employé pour parfumer les potages, les sauces et les viandes. En pharmacie, les parties vertes servent à la préparation de tisanes contre la toux, les coliques intestinales et les médicaments calmants, digestifs et diurétiques. Son intérêt réside dans l'essence volatile sécrétée par de petites glandes situées sur l'envers des feuilles, des bractées et des fleurs. Cette essence est surtout composée de terpènes, de tanins, de sucs amers et de mucilages. Les feuilles contiennent également de la vitamine C. Les parties les plus importantes sont ici les glomérules (2), formés des feuilles, bractées et fleurs encore tassées, et qui sont très riches en essence. Les autres feuilles sont un peu moins riches, les tiges n'en contiennent presque pas. La plante contient le plus fort taux d'essence juste avant la floraison. Sous sa forme séchée, la marjolaine est employée en mélange de feuilles, de bractées et de fleurs. Elle ne supporte pas une longue conservation : 8 mois après la récolte, elle ne contient plus qu'un tiers de son taux d'essence initial.

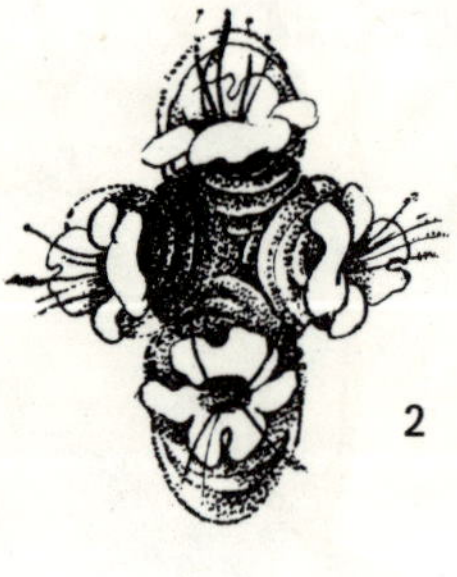

2

La marjolaine est une plante annuelle, menue, ne dépassant pas 25 cm de hauteur. Les feuilles sont finement tomenteuses. Elles axillent les fleurs menues, tassées en bouquets compacts, de couleur blanche ou rosée (1). Celles-ci s'épanouissent de juillet à septembre. La marjolaine se cultive par semis. Dans les régions chaudes, elle peut être semée directement en place, ailleurs, et le plus souvent, elle doit être d'abord élevée à l'abri. Les jeunes plants sont repiqués en mai, deux à trois pieds à la fois, avec un écartement de 15—20 cm les uns des autres. La marjolaine demande une station ensoleillée et un sol relativement nutritif. On la récolte par temps sec en coupant les tiges à environ 5 cm au-dessus du sol, pour lui permettre de se refaire et fournir une nouvelle récolte. La première cueillette a lieu au début de la floraison en juillet, et donne les tiges les plus aromatiques. La deuxième, quelque cinq semaines plus tard, donne des tiges moins hautes et de qualité légèrement inférieure.

1

Sarriette Lamiacées
Satureja hortensis *Lamiaceae*

Originaire de l'Est du Bassin méditerranéen et du pourtour de la mer Noire, la sarriette a pénétré en Europe dès le IXe siècle. Elle doit son nom, qui rappelle les satyres de l'Antiquité, à Mattioli, auteur au XVIe siècle d'un célèbre herbier. De nos jours, la sarriette est surtout cultivée en Allemagne, en Angleterre et en France. C'est une plante fortement aromatique, au goût nettement poivré et piquant. Le goût et l'arôme sont surtout concentrés dans les jeunes feuilles supérieures, qui sont donc les plus précieuses. La sarriette stimule l'appétit et calme les troubles gastriques. Ses emplois culinaires sont multiples : elle sert surtout à assaisonner volailles, gibier, poissons, viandes diverses, mais aussi les salades de pommes de terre, les farces et les fromages. On l'ajoute aux marinades destinées aux légumes, et aussi à la choucroute. Les légumes secs et les champignons sont souvent préparés en compagnie de tiges de sarriette laissées entières. On évite toujours de la couper, car elle prend alors un goût amer. On emploie soit les feuilles, soit la tige feuillée, toujours entières. La sarriette présente l'avantage de pouvoir être cultivée en caissette sur un balcon ou en pot sur un bord de fenêtre. Tout ce qu'elle demande, c'est un bon ensoleillement.

C'est une plante annuelle, haute de 20 à 30 cm, ligneuse à la base, entièrement couverte de poils glanduleux. Les feuilles velues présentent des glandes à essences volatiles sur leurs deux faces et dégagent un parfum pénétrant. Les fleurs roses, blanches ou violacées sont groupées en verticilles impairs pauciflores. Elles sont mellifères. La sarriette est semée directement en place ou repiquée en poquets de deux à trois pieds, avec un écartement de 20 × 30 cm. La culture se maintient sans intervention humaine, car la sarriette graine facilement. Lorsque les plantes commencent à fleurir, la récolte peut débuter. On prélève soit les feuilles isolées progressivement au cours de l'été, soit la tige feuillée entière, en la coupant un peu au-dessus du sol pour permettre aux plantes de repartir. La deuxième récolte est, bien entendu, moins abondante. Les tiges coupées sont attachées en paquets et mises à sécher, ce qui ne nuit en rien à l'arôme des feuilles.

199

Sauge officinale Lamiacées
Salvia officinalis *Lamiaceae*

De par son origine, la sauge est une plante d'Europe méridionale et des Balkans, où elle constitue encore de nos jours une composante importante des couverts broussailleux qui forment le maquis. Elle est cultivée en Europe depuis le Moyen Âge, et se naturalise fréquemment surtout dans les vignes. Elle est cultivée dans les régions chaudes, de préférence sur les coteaux, car elle demande une abondance de soleil et une situation à l'abri du vent. Les feuilles fortement aromatiques sont employées surtout après séchage pour corser les sauces, les liqueurs, la viande, le poisson ou les volailles. Elles sont amères et très parfumées. La sauge séchée a un effet plus fort que la sauge fraîche et doit être employée avec prudence. Les feuilles fraîches peuvent être intercalées entre les morceaux de viande et les autres ingrédients sur des brochettes. La distillation de la plante entière permet d'obtenir l'essence de sauge qui a un effet désinfectant, adoucissant et anti-inflammatoire. La décoction s'emploie en gargarismes lors des inflammations des voies respiratoires supérieures et peut être consommée pour le traitement des troubles gastriques.

Il existe trois formes de sauges, que l'on distingue par la coloration de leurs feuilles : la forme *purpurescens*, aux feuilles lavées de rouge, la forme *aurea* aux feuilles jaune d'or et la forme *tricolor* aux feuilles panachées de trois couleurs. Les jeunes feuilles sont récoltées avec la tige, juste avant la floraison, à partir de la deuxième année de vie de la plante, car c'est seulement à cette époque qu'elles trouvent leur véritable parfum. On les coupe deux à trois fois par an et on les fait sécher aussi rapidement que possible, à l'ombre ou en séchoir à une température ne dépassant pas 40 °C.

2

La sauge est un arbrisseau vivace, dressé, haut de 50 à 70 cm, ligneux à la base (1). Les feuilles sont allongées, finement crantées, parfumées. Les jeunes feuilles et rameaux sont tendres, charnus, densément tomenteux, gris-blanc. La sauge fleurit de juin à juillet : les feuilles velues, bleu-violet (2) sont groupées en verticilles impairs lâches. Le fruit est un tétrakène sombre et lisse. La sauge se sème directement en place au printemps, mais on fait plus souvent appel à des plants élevés à l'abri ou à des boutures.

Elle demande un écartement de 40 × 20 cm. Elle peut rester en place jusqu'à 5 ans. Les feuilles ne doivent pas être récoltées à la fin de l'automne, car la plante ne se refournirait pas avant l'hiver. Lorsque l'hiver n'est pas trop rigoureux, les pieds conservent leur feuillage. Par temps très froid, la sauge gèle jusqu'au bois, mais repart à nouveau au printemps. Sa culture est facile même en caissette sur un balcon, mais elle ne se plaît pas en pot sur un rebord de fenêtre.

1

Mélisse officinale Lamiacées
Melissa officinalis *Lamiaceae*

La mélisse officinale ou mélisse citronnelle est soit originaire d'Orient, soit de l'Est du Bassin méditerranéen. On la rencontre dans toute la région méditerranéenne. Les Romains ont repris sa culture aux Grecs, puis l'ont transmise aux Arabes. Elle fut reprise par les moines européens qui lui donnèrent une place dans les jardins monastiques. C'est une plante qui se naturalise facilement en Europe centrale. Elle est souvent cultivée pour ses qualités mellifères. C'est une plante aromatique exceptionnellement précieuse. Ses feuilles très parfumées ont un goût de citron particulièrement rafraîchissant. Fraîches, maix surtout séchées, elles entrent dans la composition de toutes sortes de salades vertes qui s'agrémentent bien de leur goût acidulé, et elles parfument aussi des mets à base de champignons. On les rencontre dans les plats salés : elles relèvent le goût du gibier, des volailles, du poisson, des potages, des sauces, des fromages frais. Elles ne supportent pas la cuisson et doivent être toujours ajoutées aux plats terminés.

Après séchage, la tige feuillée ou les feuilles seules servent à préparer des infusions contre les refroidissements et les troubles gastriques. Les feuilles donnent également par pression l'essence de mélisse qui entre dans la composition de différents produits de parfumerie.

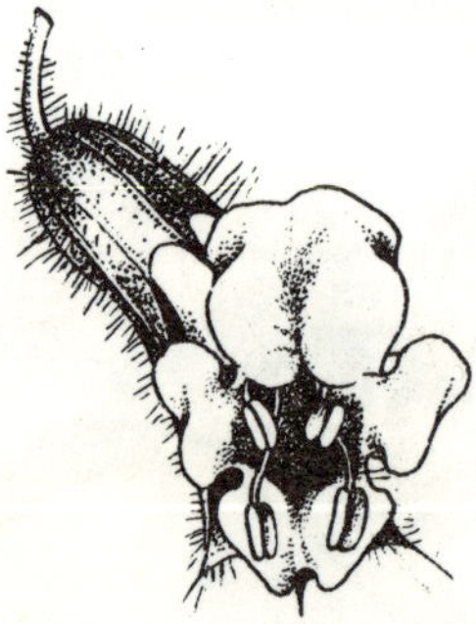
2

La mélisse officinale est une plante vivace, haute de 30 à 100 cm (1). Elle forme dans le sol des rhizomes écailleux. Les feuilles ovales sont luisantes. La tige est densément feuillée, et couverte de poils glanduleux. Toute la plante dégage un parfum fortement aromatique. Les fleurs tubulaires (2) sont bleu pâle. à blanc-jaune. La mélisse se cultive en pleine terre à des intervalles de 30 × 40 cm, mais se plaît également en caissette ou en pot sur un balcon. Dans ce cas, on la cultive comme plante annuelle car elle épuise le sol dans l'année. Elle se multiplie au début du printemps par division de la touffe. Elle demande une exposition ensoleillée et chaude, ainsi qu'un sol léger. Elle résiste bien au gel. La récolte peut commencer dès le développement des premières feuilles et se prolonger selon les besoins du printemps jusqu'à l'automne. La récolte principale a cependant lieu entre juin et août : on coupe alors les tiges feuillées à 8—10 cm du sol et on les fait rapidement sécher à l'ombre.

1

Bourrache officinale — Borraginacées
Borago officinalis — *Boraginaceae*

Les botanistes ne sont pas d'accord sur l'origine de la bourrache. Selon certains, elle ne proviendrait que du Sud de l'Espagne, selon d'autres, que d'Asie Mineure et de Syrie. D'autres encore pensent que sa patrie est l'Orient et qu'elle n'est arrivée en Europe que relativement tard, par l'intermédiaire des marchands arabes. Elle graine et se naturalise facilement et un dicton prétend que «là où elle s'est installée, on ne la fait plus partir». C'est une plante mellifère, souvent cultivée à titre ornemental. On consomme les jeunes feuilles qui ont un goût rafraîchissant et agréable de concombre, ce qui est d'ailleurs à l'origine de son nom allemand *Gurkenkraut*. Les feuilles fraîches, finement hachées, parfument les salades fraîches, les farces, les viandes hachées, mais aussi simplement les tartines beurrées. La décoction de bourrache sert parfois à colorer des légumes stérilisés de couleur trop fade. Les fleurs de bourrache sont décoratives et peuvent être utilisées pour garnir les salades. Les feuilles sèches sont riches en substances mucilagineuses, mais ne peuvent pas être utilisées en cuisine car le séchage leur fait perdre leur arôme. Les variétés de bourrache n'ont subi aucune sélection de main humaine. Les différents types spontanés se distinguent par la taille, la ramification, la grandeur et la coloration des feuilles, l'époque de la floraison.

La bourrache est une plante annuelle herbacées, ramifiée, haute de 50 à 70 cm, lavée de rouge dans sa partie supérieure. Les feuilles ovales adultes sont couvertes de poils rêches. Les fleurs pentamères sont groupées en cymes scorpioïdes unipares. Elles sont d'un bleu azur qui laisse parfois la place au blanc ou au rosé. La floraison, riche chez cette espèce, se prolonge de mai à septembre. Les fruits — de gros tétrakènes noirs — contiennent de l'huile. La bourrache est une espèce modeste qui prend des proportions gigantesques dans un bon sol bien ensoleillé et riche en humidité. La culture en est très simple. Le plus souvent, on se contentera des plantes qui se sont semées spontanément. Si on le désire, on sème à l'automne ou au début du printemps, plusieurs graines à la fois à des intervalles de 30 × 5—8 cm. Pour la consommation courante, il suffit de quelques pieds au jardin ou en pot. Les feuilles sont prélevées sur la rosette terrestre au moment où leurs poils sont encore mous.

Maïs doux — Poacées
Zea mays var. *saccharata* — *Poaceae*

Nous ne connaissons pas encore avec certitude l'ancêtre commun aux variétés de maïs cultivées de nos jours. On pensait jadis qu'il s'agissait de l'espèce mexicaine *Teosinta* mais, à l'époque actuelle, les opinions s'accordent plutôt pour dire que les parents du maïs cultivé ont depuis longtemps disparu de la surface du globe. Le maïs s'est développé probablement au Pérou ou en Bolivie et c'est sans conteste l'une des plus anciennes plantes cultivées du globe. On a découvert des graines datant d'il y a 2 500 ans. En Amérique, c'était la plante culturale la plus répandue bien longtemps avant l'arrivée des Européens. Le maïs arriva en Europe grâce à Christophe Colomb seulement en 1493. Une deuxième grande voie le transporta par la Chine à travers l'Inde, l'Asie Mineure et l'Italie. A côté de nombreuses variétés qui ont une grande importance fourragère (*indentata, indurata,* etc.) on cultive aussi le maïs doux (var. *saccharata*) qui n'est connu que depuis 1779. On emploie pour la consommation humaine les épis récoltés au moment ou les grains passent du stade laiteux au stade cireux. On peut les consommer crus, mais on les mange surtout bouillis, stérilisés ou cuits après congélation. Le degré de maturité se reconnaît au fait que les grains peuvent être facilement traversés par l'ongle. C'est à ce moment qu'ils contiennent la plus forte proportion de sucres aisément digestibles et de substances protéiniques. On peut également stériliser de jeunes épis entiers, lorsqu'ils ne dépassent pas 10 cm de longueur. On consomme parfois aussi les jeunes épis d'autres variétés de maïs. Le maïs doux, de goût plus fin, s'en distingue par ses grains qui sont ridés, plats, quadrangulaires à maturité.

Le maïs doux est une graminée annuelle, haute de 80 à 150 cm (1). Les feuilles sont largement lancéolées. C'est une plante monoïque. Les fleurs mâles sont groupées en panicules au sommet de la tige, les fleurs femelles en épis à l'aisselle des feuilles. Ces bouquets longs de 15 à 20 cm sont couverts de bractées et présentent un rachis central sur lequel se développent les grains (2). Au moment de la floraison, ces épis laissent dépasser les styles longs de 10 cm et plus. Les grains mûrs sont ridés (3), blancs, rouges ou orangés. La plante est gigantesque, ses racines sont profondes, et il lui faut une bonne humidité et une abondance de matières nutritives. Elle est détruite par le gel. Le maïs doit être semé en poquets, plusieurs grains à la fois, écartés de 60 × 50 cm, vers la fin avril. On éclaircira la culture par la suite. On peut également repiquer de jeunes plants préalablement élevés à l'abri, ou le hâter en recouvrant le semis d'une feuille de plastique ou d'une protection similaire. Le maïs doux a une durée de végétation plus longue que les autres variétés et se caractérise par le port vertical des épis.

1

2

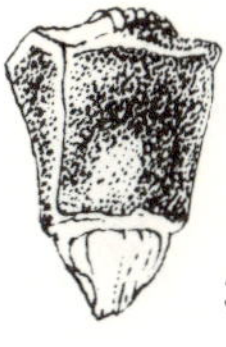

3

Les légumes, source de santé

Dans tout le monde civilisé, l'intérêt se tourne actuellement vers l'importance des légumes dans l'alimentation humaine. L'évolution des pays techniquement avancés a abouti a une forte augmentation de la part des produits animaux et de la quantité d'aliments raffinés dans l'alimentation humaine. La farine fine et blanche, le sucre raffiné, le riz parfaitement blanchi sont des produits de haute qualité, nutritifs et durables, mais ils manquent souvent des matières protectrices qu'ils contenaient à l'état brut naturel. Peu à peu, la composition de notre alimentation s'est éloignée de son équilibre naturel où les légumes frais avaient une part importante.

Dans les pays de climat favorable aux cultures légumières, comme le sont ceux d'Europe méridionale et dans les pays qui complètent leur production par l'importation, la consommation de légumes atteint 120—130 kg par an et par personne.* Les récentes découvertes scientifiques montrent que cette quantité assure à l'homme l'apport de toutes les substances protectrices qui lui sont indispensables.

Il faut également prendre en compte la transformation des conditions de vie dans les pays techniquement avancés. Avec la diminution de la demande de production d'énergie de l'homme moderne, la valeur calorique de son alimentation doit également s'abaisser. Par sa faible teneur en substances énergétiques, l'alimentation à base de légumes apporte la solution idéale à cette question.

Les légumes devraient devenir une part régulière de nos menus tout au long de l'année. Cependant, les méthodes de culture traditionnelles apportent plus de la moitié de la récolte sur les marchés au cours de trois mois de l'année, juillet, août et septembre. Les maraîchers s'efforcent de plus en plus de pallier ce défaut dû aux conditions climatiques. Ils sont aidés dans ce domaine par le grand nombre d'espèces cultivées (60—80), par des techniques de culture intensives, fortement différenciées et toujours en progrès, et enfin par différents modes de conservation des légumes : stockage, réfrigération, congélation, stérilisation ou séchage. De toutes les plantes culturales, les légumes constituent certainement le groupe le plus varié, aussi bien du point de vue de la variété des goûts que de celle des couleurs, des formes ou des textures.

Malheureusement, les éléments précieux pour la santé, les composantes responsables du goût et de l'aspect des légumes sont particulièrement fragiles. Un grand nombre de facteurs influent de manière importante sur leur teneur : les conditions climatiques et édaphiques du milieu, le mode de culture (chaleur, lumière, alimentation en eau et en éléments nutritifs), la protection contre les maladies et les parasites et surtout le mode de récolte et de conservation.

---

* Elle est d'environ 160 kg par personne et par an en France (N.d.t.)

Les dernières découvertes scientifiques montrent que l'homme doit trouver dans son alimentation chaque jour 6200—20 000 kJ (ou 1500—5000 kcal, selon la terminologie ancienne). Les légumes ne contiennent en moyenne que 180 kJ (43 kcal) pour 100 g de matière fraîche et ne peuvent donc satisfaire les besoins énergétiques de l'homme.

A côté d'un certain nombre d'éléments nutritifs importants qui sont également présents dans les autres groupes de plantes cultivées (sucres, albumines, matières grasses, sels minéraux), les légumes contiennent certaines substances spécifiques, typiques d'une espèce ou, au mieux, d'un genre donné et responsables de son goût caractéristique, ou bien encore des substances dotées d'une propriété diététique ou médicinale.

La plus importante composante des légumes frais est l'eau (75—95 %). Elle contient en solution des substances organiques et minérales, sous une forme absorbable par l'organisme. Les substances non digestibles s'y trouvent également délayées d'une manière favorable pour l'organisme humain. Les légumes contiennent 0,5—5 % de substances protéiques. Il s'agit dans l'ensemble de protéines incomplètes, car il leur manque généralement certains acides aminés indispensables. Seul, le soja contient des protéines complètes. A côté du soja, les espèces riches en albumines sont : le pois, le haricot, le chou de Bruxelles, le chou frisé, l'ail et le persil. La teneur en matières grasses est encore plus faible (seulement 0,1 %). Cependant, les matières grasses entrent dans la composition de certaines substances aromatiques et sont, à ce titre, en partie responsables du goût et du parfum des légumes.

Les saccharides (sucres, amidons, cellulose, lignine, etc.) représentent la plus importante réserve énergétique des légumes, qui en contiennent en moyenne 7 %. Presque toutes les espèces contiennent des monosaccharides (glucose et fructose). Le saccharose, qui est un oligosaccharide n'est présent que dans certaines espèces de légumes (les melons, courges, tomates, etc.). La teneur en sucre dépend fortement des conditions de culture et du degré de maturité du produit à la récolte.

Parmi les sucres complexes (polysaccharides), mentionnons l'inuline, contenue dans certaines espèces de la famille des astéracées (salsifis noir, salsifis blanc, artichaut, cardons, topinambours). Cette substance voisine de l'amidon est intéressante surtout pour les personnes atteintes du diabète. L'amidon, le polysaccharide le plus répandu, est surtout présent dans les graines des légumineuses mûres (pois, haricots, fèves) et dans les organes de réserve (tubercules de pomme de terre, du souchet comestible, etc.).

D'autres polysaccharides comme la cellulose, l'hémicellulose et la lignine forment ce qu'on appelle communément les fibres brutes qui ne sont digestibles qu'en partie ou lorsqu'il s'agit d'organes végétaux encore très jeunes. Plus tard, ces fibres ne peuvent être digérées par l'homme, mais elles constituent un aliment de lest qui influe favorablement sur la fonction du système digestif et stimule le péristaltisme intestinal. Ainsi, les fibres brutes contenues dans les légumes permettent-elles de corriger les erreurs de notre alimentation moderne et apportent-elles au système digestif la charge naturelle à laquelle notre organisme s'est adapté au cours de son évolution. Les recherches scientifiques les plus récentes montrent même que ces fibres brutes auraient un effet anticancéreux.

Parmi les autres polysaccharides présents dans les légumes, un groupe important est celui des pectines (0,5 %). Les pectines interviennent également au niveau de la digestion en régulant les processus digestifs et en modifiant la microflore intestinale. Il paraît probable qu'elles abaissent aussi la tension artérielle et le taux de cholestérol sanguin.

Les substances les plus importantes contenues dans les légumes sont les vitamines. Dans ce domaine, certaines espèces occupent une place irremplaçable dans notre alimentation. L'organisme humain ne peut se passer de vitamines et est incapable de les synthétiser lui-même. Les plus importantes sont les vitamines A et C. La vitamine A, aux effets anti-infectieux, est importante pour le fonctionnement de la vue, le développement et la croissance. Elle ne se trouve dans les plantes et *a fortiori* dans les légumes que sous la forme de provitamines et surtout du β-carotène. C'est seulement dans notre organisme que le carotène peut donner naissance à la vitamine A. Les légumes les plus riches en carotène sont les carottes, les tomates, les choux de Bruxelles, les épinards et d'autres légumes-feuilles.

Les vitamines du groupe B sont représentées chez les légumes de la manière suivante : thiamine (B_1), importante pour le système nerveux, présente surtout dans les pois, l'oignon, les choux, la carotte, la tomate, les épinards. La riboflavine (B_2), importante pour la croissance, les cellules nerveuses et épidermiques, est présente dans les épinards les légumineuses vertes, le chou-fleur et la laitue. La pyridoxine (B_6) protège les vaisseaux sanguins contre la sclérose et intervient dans le fonctionnement du foie et des cellules nerveuses. On la trouve surtout dans les laitues, les pommes de terre, les pois, le chou de Milan et les tomates. La niacine (B_7 = PP), qui protège contre la pellagre et stimule le fonctionnement de l'appareil digestif et nerveux, est surtout présente dans les pois. L'acide folique, important pour la formation du sang, se trouve surtout dans les épinards, la betterave potagère, le persil et les courges.

La vitamine C, dont la principale composante est l'acide L-ascorbique, joue un rôle important dans la prévention du scorbut et d'autres avitaminoses C, atténue les effets de certains poisons et neutralise le cholestérol sanguin. Dans des situations épuisantes pour l'organisme, le besoin en vitamine C augmente. Parmi les légumes, on trouve la vitamine C surtout dans les poivrons, les choux de Bruxelles, les légumes-feuilles et ceux dont on consomme la tige feuillée, surtout lors-

Teneur moyenne en principales vitamines (en mg pour 100 g de matière fraîche)

Espèce	Provitamine A	Vitamines du groupe B			Vitamine C	Vitamine E	Vitamine K
	béta-carotène	thiamine	riboflavine	niacine	acide L-ascorbique	tocophérol	phylloquinone
Céleri (rave)	0,10	0,02	0,03	0,30	10—20		
Oignon (bulbe)	0,25	0,30	0,10	1	5—9		
Ail	0,01	0,03	0,03	0,74	15		
Haricot	0,36		0,1—0,2	0,2—0,6	3—20		0,28
Pois	0,26	0,20	0,25	2,10	16—30	4—6	0,28—1
Chou de Milan	0,90	0,14	0,08	0,45	40	2—3	4
Chou de Bruxelles	4,80	0,15	0,05	0,30	100	2—3	0,08—3
Chou-rave	0,01	0,04	0,04	0,15	30		
Chou-fleur	0,09	0,05	0,12	0,60	25—60	0,4—0,8	4,0
Carotte	2—10	0,19	0,10	0,3—1,5	4—10	3,1	0,1—2
Poivron	0,19—0,22	0,04	0,05	0,67	80—250		
Persil (racine)	2,10	0,05	0,09		40		
Tomate	0,25—8,75	0,12	0,05	0,3—1,0	20—50		0,3—0,8
Laitue	1—6	0,10	0,13	0,14	3—15	10	
Épinards	3—9	0,10	0,33	0,4—1,7	45—60	6	5
Chou pommé	2,25	0,10	0,20	1,6	40		

qu'il s'agit de parties vertes, non blanchies : persil, ciboulette, aneth, feuilles de céleri et d'oignon. Notons que la vitamine C se décompose à la lumière, à la chaleur et sous l'action de l'air. On coupera donc tous ces légumes à l'aide d'un couteau inoxydable et on ne leur fera subir qu'un très court temps de cuisson.

La vitamine E (tocophérol), importante pour le bon fonctionnement nerveux et cérébral, ainsi que pour la formation du sang, est surtout présente dans la laitue, les épinards, les asperges, les feuilles de persil et le pois.

La vitamine K (phylloquinone) qui est responsable d'une bonne coagulation du sang, se trouve surtout dans les épinards et le chou.

Jusqu'à une date récente, on considérait aussi comme vitamine une substance dénommée vitamine P. Il s'agit, en fait, d'un mélange de composés appartenant au groupe des flavones, de glucosides et d'autres substances, dont la composante la plus active est la rutine. Avec la vitamine C, ces substances ont un effet antiscorbutique et assurent une perméabilité normale des parois veineuses. On les trouve surtout dans les tomates, la laitue et le chou-fleur.

Le «facteur-U», qui apparaît dans tous les légumes appartenant à la famille des brassicacées, protège l'organisme contre les ulcères gastriques et duodénaux. Le suc extrait du chou est particulièrement riche à cet égard.

Les vitamines se concentrent surtout dans les organes végétaux les plus actifs, c'est-à-dire les feuilles, les bourgeons en pleine éclosion, les jeunes péricarpes et parfois dans les organes de transport. Les organes les plus riches en vitamine C sont les feuilles et les fruits, les moins riches, les pétioles et les tiges.

Les sels minéraux sont indispensables à l'organisme humain, ne fût-ce qu'en petite quantité. Ils régulent les fonctions physiologiques et biochimiques — la formation des os, des dents, la production d'enzymes et d'hormones. Les légumes en sont une des principales sources (0,4—2 %) et les sels minéraux s'y trouvent sous forme de composés facilement assimilables par l'organisme. Par leur teneur en éléments alcalinisants (potassium, sodium, magnésium, fer), les légumes contribuent à nous permetre de maintenir notre équilibre acido-basique et à équilibrer les éléments acidifiants contenus dans l'alimentation carnée et farineuse. Parmi les facteurs alcalinisants de notre alimentation, citons par exemple les épinards, les carottes, le melon, la tomate, les radis, les choux de Bruxelles, le chou-rave et l'artichaut. Le potassium, qui constitue la moitié des substances minérales contenues dans les espèces potagères, intervient aussi dans la régulation de l'équilibre hydrique de l'organisme. Le calcium est important pour la formation des os, des dents et des tissus : les légumes en contiennent environ 8 %. Le magnésium et le phosphore interviennent dans la formation des os et la production d'enzymes. Le soufre est nécessaire au bon fonctionnement du foie et à la protéo-synthèse.

Les légumes assurent également à l'homme l'apport d'une partie des oligo-éléments qui lui sont indispensables, surtout du fer et du cuivre importants pour l'hématopoïèse, du manganèse qui accélère les processus d'oxydation et influe sur le fonctionnement des glandes sexuelles, de l'iode qui permet le bon fonctionnement de la thyroïde, du zinc régulant les échanges tissulaires, etc. (silicium, bore, brome, aluminium, lithium).

Le goût des légumes dépend essentiellement de leur teneur en sucres, en acides organiques, en sucs amers et en substances piquantes. L'acidité de la rhubarbe, par exemple, est due à la présence d'acide oxalique (2 %). Dans les autres espèces potagères, le taux d'acides ne dépasse pas 0,1—0,5 %, soit sous forme de sels acides, soit sous forme d'acides organiques non volatils : acide malique, citrique, acétique, formique. Les sucs amers présents dans les légumes influent sur la sécrétion des sucs digestifs et augmentent l'appétence. On les trouve par exemple dans les laitues, la chicorée, la mâche, l'endive, le pissenlit. Le poivron contient une substance similaire, la capsaïcine. Le goût poivré du radis et du raifort est dû à la présence de sénevol.

Les substances aromatiques sont présentes sous des formes extrêmement variables et complexes. Leur teneur absolue n'est pas très élevée, mais elle dépasse fortement la limite de la perception. Ces substances améliorent l'appétit et facilitent la digestion.

Les effets thérapeutiques des légumes sont souvent dus à la présence d'antiseptiques végétaux, aux effets fortement anti-microbiens (le sénevol dans la moutarde et le raifort, l'alicine et la gralicine dans l'oignon et l'ail, la raphanine dans les radis, la tomatine dans la tomate). Des substances analogues ont été découvertes dans le chou de Milan, le chou pommé, le poivron, etc. L'intérêt de ces antiseptiques repose, entre autres, sur le fait que les microbes sont incapables de s'y accoutumer. D'autres espèces potagères présentent différents caractères spécifiques : le persil, le panais, le céleri, la carotte, la courge et l'asperge sont diurétiques; la carotte, l'oignon, l'ail et le raifort ont un effet laxatif; les tomates sont un bon hypotenseur; l'ail stimule la sécrétion biliaire, réduit les risques d'artériosclérose et abaisse la tension. L'ail et la graine de courge ont un effet vermifuge. Les composés soufrés présents dans les choux ont une action antirhumatismale et des effets similaires à ceux de la cortisone. Les sucs amers des cornichons, concombres et laitues ont un effet cytostatique.

On peut donc résumer l'intérêt des légumes en ce qui concerne notre santé de la manière suivante :

— leur goût et leur parfum stimulent la sécrétion des sucs gastriques et de la bile;
— ils apportent à l'organisme des vitamines et des sels minéraux;
— par leur prédominance de substances alcalinisantes, ils modulent l'équilibre acido-basique de l'organisme;
— ils apportent à l'organisme l'eau qui lui est nécessaire et stimulent son excrétion, ce qui a un effet hypotenseur;
— leur teneur en fibres brutes stimule le péristaltisme intestinal et réduit l'absorption des substances toxiques au niveau de la muqueuse intestinale;
— ils régulent la microflore intestinale;
— leur faible valeur énergétique jointe à leur volume important permet d'apaiser la sensation de faim et agit contre l'obésité;
— ils exercent un effet favorable sur l'activité rénale en abaissant la quantité des résidus alimentaires éliminés dans l'urine.

Les légumes, un risque pour la santé

Chez les personnes souffrant de troubles digestifs, les légumes crus, de par leur teneur en fibres, risquent de provoquer une irritation mécanique indésirable et de la flatulence. La consommation de certaines espèces (raifort, tomate, oignon, épinards, céleri, poireau, concombre, betterave potagère) à l'état cru peut causer des allergies chez les personnes hypersensibles. Les dangers de l'acide oxalique de la rhubarbe, de l'oseille et des épinards ont été surfaits par le passé. En associant à ces légumes des aliments riches en calcium (lait, oeufs, fromages), on neutralise les effets de l'acide oxalique. Les brassicacées contiennent des «strumigènes», des substances freinant l'action de la thyroïde, mais seulement à condition d'en consommer une quantité excessive (par exemple plus de 500 g de chou par jour).

Bien que les fortes fumures azotées augmentent le rendement, surtout en ce qui concerne les légumes-feuilles, elles sont à éviter, surtout en hiver et au début du printemps, car elles laissent dans les légumes une forte proportion de nitrates qui se transforment en nitrites toxiques.

Un autre danger est dû aux résidus de pesticides, produits destinés à la prévention chimique des maladies, des parasites et à la lutte contre les plantes adventices. Certaines de ces substances sont stockées par les plantes et ne partent donc pas au lavage. Lors des traitements chimiques, il est donc indispensable de respecter à la lettre le mode d'emploi (concentration, délai à respecter entre le dernier traitement et la récolte, élimination des restes de produits). Un lavage approfondi des légumes à l'eau courante, voire la cuisson, permettent d'éliminer les souillures éventuelles par des retombées atmosphériques de produits nocifs.

Une autre source de souillure peut être la contamination microbienne des légumes lors d'une fumure non autorisée à l'aide de matières fécales. Un lavage approfondi et la cuisson des légumes permettent d'éviter tout risque.

Exigences écologiques des plantes potagères

Les légumes de la famille des choux demandent une situation présentant une humidité suffisante du sol comme de l'air. Ils sont exigeants en ce qui concerne les fumures, car ils prélèvent dans le sol une bonne quantité de matières nutritives. On les cultive le plus souvent à partir de semis élevés en pépinière. Ils supportent une fumure organique directe. Ils ne sont pas endommagés par de faibles gelées. En sols acides, ils sont atteints d'une maladie, la hernie des racines.

Les légumes-racines sont peu exigeants en ce qui concerne les températures. Pour obtenir des racines régulières de bonne qualité, il faut leur donner un sol suffisamment profond, présentant une structure grenue, et une alimentation équilibrée. Un sol pierreux sans profondeur conduit à une récolte de racines fourchues et difformes. Les légumes-racines ne supportent pas une fumure de fumier frais qui détériore leur santé et diminue leurs possibilités de stockage. On les sème toujours directement en place.

Les légumes-feuilles sont modestes en ce qui concerne les conditions d'éclairement et peuvent donc être cultivés même dans des régions de climat assez peu favorable. Un bon développement du feuillage demande bien évidemment un sol humifère, abondamment pourvu en matières nutritives et surtout d'azote, avec une bonne humidité, ce qui retarde aussi la montée en graine des sujets. Les légumes-feuilles supportent une fumure organique directe. Ils peuvent être hâtés dans toutes sortes de serres, de tunnels et d'abris en plastique, même en hiver. Ils ne sont pas endommagés par des gelées de faible importance.

Les légumineuses ne sont exigeantes ni pour le sol ni pour la fumure. Les sujets captent l'azote de l'air à l'aide des bactéries contenues dans leurs nodules racinaires. Ils demandent une abondance de lumière et un désherbage régulier. Le pois et la fève sont assez peu sensibles aux basses températures, le soja et le haricot sont détruits par le gel et les basses températures inhibent leur croissance.

Toutes les espèces de légumes-fruits demandent une bonne chaleur. Elles sont détruites par le gel, et des températures persistantes au-dessous de 10 °C ralentissent ou empêchent leur croissance. Elles nécessitent un sol fumé de manière équilibrée et une situation ensoleillée. On les cultive le plus souvent à partir de plants élevés à l'abri et replantés en mai, lorsque les gelées ne menacent plus. Ils supportent une fumure organique directe et peuvent être facilement hâtés sous serre, ou sous abris de plastique.

Les bulbes exigent un sol de structure grenue, bien aérée, présentant un équilibre de matières nutritives. Une fumure organique fraîche, un excès d'azote ou d'humidité avant la récolte, empêchent le stockage correct des réserves dans les bulbes d'oignon, d'échalote ou d'ail et compromettent leur conservation. Les bulbes ne craignent pas les gels relativement importants et hivernent sans problème même dans les régions de climat rude. On peut les semer directement en place ou préparer les plants en pépinière. Ils sont souvent envahis par une végétation adventice.

Les légumes vivaces restent généralement plusieurs années (3—10 et même plus) au même endroit. Durant cette période, ils doivent recevoir des fumures complémentaires et doivent être binés pour éliminer les végétaux indésirables. Ils ne nécessitent généralement pas d'autres soins.

Les légumes condimentaires n'ont aucune exigence de sol ni d'alimentation, mais ils demandent une station ensoleillée, condition indispensable pour développer leur arôme. On les cultive le plus souvent à partir de plants.

Les techniques culturales

A la différence des cultures de plein champ, les légumes nécessitent des façons culturales intensives, un sol bien préparé, des matières nutritives représentées par la présence moyenne de 2,5 kg d'éléments nutritifs purs à l'are, une bonne humidité et une protection contre les parasites et les maladies selon les besoins. Les légumes sont cultivés grâce à une multitude de procédés divers, souvent complexes, qui visent essentiellement à prolonger la durée de la récolte des différentes espèces.

A côté de la culture traditionnelle en pleine terre, on fait depuis toujours appel à la culture sous châssis. Le châssis est une structure simple, peu coûteuse, composée d'un cadre bas et de fenêtres vitrées amovibles. Le sol en est chauffé soit de manière biologique, grâce à une couche de fumier disposée au fond du cadre, soit par un autre moyen de chauffage. Sous châssis chaud, comprenant une couche de 40 à 50 cm de fumier de vache, on peut commencer les cultures deux mois plus tôt qu'en plein sol ou prolonger considérablement l'époque de culture à l'automne. Sous châssis tiède (avec une couche de fumier de 20—30 cm) ou sous châssis froid, dont la couche organique est déjà complètement décomposée, la durée de végétation est prolongée d'un temps plus bref. Le châssis présente d'excellentes conditions d'éclairement et de température et constitue un milieu idéal pour la préparation de jeunes plants. C'est aussi un bon site durable pour les cultures basses : radis, laitues, chou-rave, carotte, concombres, chou-fleur. Les soins apportés aux cultures sous châssis sont relativement laborieux.

La serre — qu'elle soit froide ou chauffée — présente une installation plus onéreuse que le châssis, mais le travail y est beaucoup plus agréable. Elle convient pour la culture de toutes les espèces légumières, surtout celles qui aiment la chaleur, comme les tomates à tuteurer, les concombres de serre, les poivrons, les aubergines et les haricots à rames. Ces cultures pourront être précédées ou suivies, aux époques de plus basse température, par des espèces comme les laitues, les radis, les choux-raves, etc.

Depuis quelques années, on assiste de plus en plus à l'emploi de feuilles de polyéthylène pour recouvrir différentes constructions. Des tunnels de plastique bas, ne dépassant pas 40—50 cm, remplacent dans une certaine mesure les châssis et conviennent parfaitement pour la culture des radis, choux-raves, laitues, concombres ou, en hiver, pour les espèces résistantes au froid comme la mâche, les épinards, le cresson. Les tunnels de polyéthylène ou les abris bas en matières plastiques plus ou moins rigides conviennent également pour le hâtage (protection printanière) d'espèces relativement hautes telles que les tomates, les poivrons, les fèves, les haricots, le maïs, les courges ou les melons. Lorsque les plantes se développent et n'ont plus besoin d'être protégées contre les basses températures, on élimine la couverture plastique. Parfois, on remplace par des feuilles de polyéthylène les vitres des serres. Mais comme le plastique protège moins contre le gel que le verre, on veillera alors à installer les espèces fragiles dans ce genre de serre environ 15 jours plus tard que dans une serre vitrée. Pour les tomates, on recommande de protéger à l'aide d'une feuille fixée à une structure simple soit des groupes entiers de sujets (par exemple 4 à la fois) soit des sujets isolés.

La feuille de plastique convient également pour recouvrir (on dit aussi mulcher) le sol. A cette fin, on pose sur la terre de larges bandes ou une bâche en plastique transparent ou noir, en recouvrant les bords de terre : ce traitement a pour effet d'élever la température du sol, d'en maintenir l'humidité et d'accélérer le développement des légumes au printemps. Il convient surtout aux espèces thermophiles cultivées avec un assez grand écartement. Le plastique sera posé soit après le semis et au moment de la levée de la culture (concombres, courges, pommes de terre), il sera perforé aux endroits adéquats, soit appliqué en bandes le long des rangs (tomates, poivrons, concombres, aubergines, melons). Il sera laissé en place pendant toute la durée de la végétation. Une feuille transparente a un meilleur effet sur le réchauffement du sol qu'une feuille noire, mais elle ne peut être appliquée que sur un sol très propre.

Le développement sera également hâté si on prend soin au printemps de recouvrir tout le semis ou la plantation d'un plastique perforé. Celui-ci est appliqué sur le sol et ses bords sont enterrés comme dans la technique précédente. Comme la feuille est ici mince, les jeunes plantes en écartent progressivement les trous, ce qui assure à la fois l'aération du sol et la pénétration de l'eau. Le plastique perforé ne convient qu'aux espèces basses (laitues, radis, chou-rave, radis noir). Il doit être posé au début du printemps et éliminé avant la récolte, au moment de la montée des températures. On le trouve dans le commerce avec une densité variable d'ouvertures sphériques ou d'entailles longitudinales. En climat chaud ou pour les espèces ne supportant pas des températures élevées, on utilisera un plastique présentant une plus forte densité d'ouvertures.

L'élevage des semis à l'abri constitue une technique de hâtage du développement connue depuis toujours pour son efficacité. Tous les légumes de serre, la plupart de ceux cultivés sous châssis et toutes les espèces précoces sont d'abord élevés de cette manière. On les sème épais en caissettes, en germoirs, en godets de tourbe ou en pots de terre, etc., éventuellement dans une pépinière parfaitement travaillée. Cette technique présente de nombreux avantages. Le sol bien préparé de la serre, du châssis, voire de la plate-bande, facilite la bonne levée des graines et permet une économie de semences. Une petite surface comme celle de la serre ou du châssis permet d'élever un grand nombre de jeunes sujets sans perte de place précieuse. Le semis peut être pratiqué plus tôt qu'en pleine terre, ce qui permet d'obtenir une avance de développement. Enfin, l'emplacement définitif peut être utilisé pour une culture intercalaire avant de recevoir les jeunes plants, ce qui accroît le rendement.

Une bonne succession de cultures est la plus importante des techniques maraîchères et constitue un moyen biologique d'assurer un bon état sanitaire des légumes, donc de pouvoir réduire de façon considérable les traitements chimiques. Le premier principe de la rotation repose dans le fait qu'on ne cultive jamais la même espèce, ou des espèces appartenant à la même famille botanique, au même endroit à moins de 2—4 années d'intervalle. Le second principe est une succession correcte des récoltes après une fumure organique. L'année qui suit un apport automnal de fumier de ferme doit être réservée à la culture des pommes de terre, des choux, du céleri, du poireau et de légumes-fruits. Les légumes-racines et les légumes-feuilles ne viennent que l'année suivante. Les oignons, l'ail, les légumineuses ne seront cultivés que la dernière année avant un nouvel apport de fumure organique. Lorsqu'on fait appel à du compost, il n'est pas nécessaire de respecter cet ordre de rotation.

Pour éviter les maladies transmises par le sol, on peut cultiver les légumes dans des substrats industriels, à base de tourbe. Le substrat sera étendu en couche mince dans des récipients, des sacs en polyéthylène, ou en «matelas» plastiques présentant des ouvertures qui laisseront passer les végétaux. Cette technique permet de cultiver des légumes même sans potager, par exemple sur un balcon.

Pour certaines espèces de légumes, il est relativement facile de produire ses propres semences, pour d'autres (céleri, bette, laitues tardives, poireau, melons) l'obtention de semences est malaisée voire impossible. Chez les espèces à pollinisation croisée, la fécondation peut être le fait d'espèces tout à fait indésirables (d'autres variétés, d'autres espèces cultivées ou spontanées), ce qui aboutit à la production de graines de qualité on ne peut plus douteuse. On ne récolte jamais les graines d'hybrides F_1 chez qui on assiste à la disjonction des caractères, si bien qu'on n'obtient pas une population homogène l'année suivante. On aura généralement tout intérêt à acheter les semences dans le commerce, ce qui en garantit la pureté et la qualité.

Le stockage et le traitement après récolte

Les éléments d'importance biologique, comme les enzymes végétales ou les vitamines se conservent le mieux dans les légumes crus, mais sont souvent détruits par les traitements à chaud. La cuisson lave une grande partie des substances intéressantes, le contact de l'air produit des oxydations et fait perdre aux légumes certaines de leurs substances aromatiques et médicinales.

Dans nos conditions climatiques, nous ne disposons de légumes frais que quelques mois dans l'année. Pour conserver leur valeur nutritive même pendant l'hiver, il faudra déterminer le meilleur mode de stockage. Au point de vue économique, c'est le stockage au frais qui est le plus intéressant, d'autant qu'il n'altère pas la valeur biologique des produits. Ainsi, la teneur en vitamine C ne chute que d'un quart environ, la teneur en provitamine A augmente même chez certaines espèces. La teneur en sucres et en matière sèche diminue de manière imperceptible.

Conditions optimales de conservation

Conservation courte			
Espèces	Température en °C	Humidité relative %	Durée (en jours)
Scarole, épinards, chou chinois et pékinois	-1— 0	90—95	10—30
Poireau, chou-fleur, brocoli, chou de Bruxelles	-1— +1	85—95	10—60
Laitue	0— +1	90—95	15—30
Pois	-1— +4	90—95	14—28
Tomates rouges	+1	85—90	7—28
Tomates vertes	+4— +15	85—90	20—60
Concombres	+1— +10	90—95	7—14
Poivrons, aubergines, melons	+6— +10	85—95	10—30
Haricots	+6— +10	90—95	7—10
Conservation longue			
Ail, oignon	0— +2	60—75	120—240
Chou cabus, chou de Milan	-1— 0	85—95	120—250
Chou-rave	0— +2	85—90	150—180
Carotte, céleri, persil-racine	-1— +2	90—95	100—180
Panais, salsifis noir, betterave potagère, radis noir, navet	0— +1	95—98	60—180
Raifort	-2— +1	95—98	300—360
Courge	+8— +13	70—75	90—180

On fait généralement la distinction entre la conservation de courte durée et le stockage qui intéresse une période plus longue. Sur une courte durée, les légumes peuvent être conservés jusqu'à plusieurs semaines, légèrement humectés et placés dans des sachets de polyéthylène, au réfrigérateur à une température de 2—4 °C. Seules, quelques espèces supportent un stockage de longue durée, c'est-à-dire de plusieurs mois. Le céleri, le persil, le panais ou la betterave potagère peuvent être stockés sans considération de la variété; chez d'autres espèces, seules peuvent être conservées les variétés tardives. Il est par exemple impossible de stocker pendant longtemps les variétés précoces et estivales de choux cabus, de chou de Milan, de chou-rave, de carotte, d'oignon, d'ail ou de radis noir. Les légumes destinés au stockage ne doivent recevoir qu'une fumure azotée discrète, ils doivent être correctement traités contre les maladies et les parasites, récoltés à temps et avec prudence, car toute blessure constitue une porte ouverte aux infections.

L'ail et l'oignon se conservent le mieux soit suspendus soit étalés sur des clayettes et placés dans un endroit sec. Les choux et les légumes-racines demandent au contraire une forte hygrométrie de l'air. La température optimale dépend des différentes espèces, mais ne doit pas dépasser 4—5 °C. Seuls les fruits des espèces thermophiles, qui ne supportent d'ailleurs qu'un stockage bref, demandent une température plus élevée, de l'ordre de 6 à 10 °C. Les légumes récoltés seront placés à leur température optimale de stockage le plus vite possible après la récolte et la température sera ensuite maintenue par des aérations ou par une isolation contre la chaleur ou le froid extérieur. Selon les besoins, ils pourront être humectés à l'eau ou recouverts d'une feuille de polyéthylène. Pour un stockage prolongé, on fera de préférence appel à une cave ou à une chambre froide qui aura été désinfectée auparavant. Les légumes-racines se stockent, de préférence, dans une jauge de sable, soit en tranchées, soit en caisses. Ils peuvent aussi hiverner à l'extérieur, dans des tranchées recouvertes de terre et de paille. Certaines espèces comme les poireaux, les choux de Bruxelles et le chou frisé se conservent le mieux dehors, enterrés dans une plate-bande protégée.

La conservation des légumes évite la décomposition microbienne. Le mode de conservation le plus ancien et le plus simple est la fermentation lactique, telle qu'on la connaît chez le chou cabus (choucroute), le chou-rave, les cornichons, etc. Ce procédé conserve parfaitement la valeur biologique des produits qu'il enrichit même en vitamines résultant du fonctionnement des bactéries lactiques, ainsi qu'en éléments gustatifs. Ses effets sont cependant moins durables que ceux de la stérilisation. La stérilisation à chaud et la conservation dans un emballage hermétique ont pour effet de réduire quelque peu la valeur biologique des produits, mais les légumes stérilisés se conservent très bien et leurs emplois culinaires sont fort variés. La stérilisation industrielle fait appel à une technologie rapide qui altère au minimum les fragiles composantes vitaminiques et gustatives. La stérilisatiom ménagère place les légumes dans un liquide acide, salé ou aigre-doux.

C'est la congélation à —18 °C qui conserve le mieux la valeur biologique, la couleur et le goût des légumes. Le produit congelé doit, bien évidemment, rester à la même température au-dessous de 0 °C jusqu'au moment de son utilisation et être rapidement décongelé juste avant la cuisson.

Le séchage à 60—70 °C abaisse la teneur en eau des légumes jusqu'à une valeur de 6—10 %. Cette conservation ne nuit pas aux vitamines du groupe B et aux sels minéraux, mais détruit la vitamine C, le carotène et un grand nombre de composés aromatiques. La consistance est modifiée, et les utilisations culinaires s'en ressentent.

Le salage, qui consiste à ajouter environ 20 % de sel aux légumes râpés ou coupés (aneth, ail, légumes-racines, poivron rouge), détruit presque entièrement la vitamine C.

Index des noms français

Index des nom latins

Table